MYLÈNE FARMER

CARNETS DE VOYAGES

118, avenue Achille-Peretti – CS 70024
92521 Neuilly-sur-Seine Cedex

www.michel-lafon.com

ALAIN WODRASCKA

MYLÈNE FARMER

CARNETS DE VOYAGES

Michel LAFON

Invitation au voyage

L'univers de Mylène Farmer est subtil, jamais lisse, et toujours ambivalent, dans la mesure où elle a su faire un usage personnel du double opposé.
À la fois romantique, en ce sens qu'elle se plaît à opposer le monde de la raison à celui du sentiment allié au merveilleux, et libertine mais avec élégance, elle séduit depuis trente ans un public fervent et fidèle qui ne cesse de croître.
Véritable phénomène social, celle qui ne veut plus grandir n'a cessé de s'élever dans le domaine de la chanson, au point de compter des milliers de fans qui s'arrachent à prix d'or tous les objets labellisés Farmer, d'attirer vers elle le grand public grâce à ses méga-shows spectaculaires, et a acquis le statut de plus grande vendeuse de disques française.
Si elle a choisi la discrétion médiatique, qui lui a permis de se hisser au rang de mythe vivant dans l'âme collective, c'est pour mieux se livrer en pâture sur la scène où, à chaque représentation, avec autant de sensibilité que de professionnalisme, la sorcière impure déclenche une véritable tourmente !
Dans cet ouvrage, en suivant pas à pas la chanteuse au gré de ses voyages professionnels ou de ses fugues récréatives, nous avons justement voulu débarasser la femme de son masque de star pour vous faire partager avec elle des moments d'intimité.

Le lieu qui la vit naître
Hôpital du Sacré-Cœur
Montréal, Québec

Son enfance au Canada...

D'une famille originaire de Bretagne, une région dont elle conserve un caractère opiniâtre, le sens des valeurs de la terre, le goût des paysages tourmentés et celui des crêpes, Mylène Jeanne Gautier naît le 12 septembre 1961, à 5 h 17, à l'hôpital du Sacré-Cœur de Montréal. Un établissement francophone fondé en 1898, dont le nom fait référence au Sacré-Cœur de Montmartre. Jadis baptisé « hôpital des Incurables », affilié à l'université de Montréal il est équipé d'un centre de recherches interdisciplinaires.

Au printemps 1961, Max Albert Gautier, le père de Mylène, un ingénieur des Ponts et Chaussées à qui l'on a confié une mission professionnelle, quitte la France pour le Canada en compagnie de son épouse, Marguerite Martin, et de ses enfants. Là, entourée de ses parents, mais aussi de sa sœur Brigitte et de son frère Jean-Loup, respectivement de deux ans et un an ses aînés – son frère Michel naîtra en 1969 – , la future chanteuse passe ses huit premières années.
Au Canada, où Marguerite se dévoue à sa tâche de mère au foyer, en l'absence de son mari qui ne rejoint la maisonnée que le week-end, les Gautier élisent domicile à Pierrefonds. Une commune ainsi baptisée le 18 décembre 1958, après que le notaire

Huit années d'enfance
Château Pierrefonds
Sainte-Geneviève, Québec

Joseph-Adolphe Chauret a fait construire, dans le village nommé à l'origine Sainte-Geneviève, une demeure seigneuriale dont l'architecture s'inspire du château de Pierrefonds (Oise).
Dans cette ville nouvelle, qui s'est développée avec l'arrivée de la population montréalaise, Mylène et les siens habitent un quartier à leur image, bourgeois. Jalonnée d'agréables places et espaces propices à la promenade, la rue du Belvédère est en effet une des voies publiques les plus huppées de l'île de Montréal.

Les mystères de l'île aux Chats et du bois de Saraguay

Sa mère étant catholique pratiquante, Mylène suit dès son entrée en classe une éducation rigoureuse sous la férule des religieuses du collège Sainte-Marcelline. Fondé en 1938, cet établissement qui réunit des élèves de tous âges et de tous niveaux, de la garderie jusqu'à l'université, emploie en effet des méthodes pédagogiques strictes.

Une scolarité studieuse
Collège Sainte-Marcelline
Montréal, Québec

« Les sœurs Marcellines adopteront un style de vie de famille, partageant en tout la vie des élèves, afin de mieux former leur cœur à la simplicité, au travail, à la charité », assure monseigneur Luigi Biraghi, le créateur du collège.
S'étendant entre l'île aux Chats et le bois de Saraguay, ce lieu insolite contribuera à alimenter l'imagerie mystique qui hantera les chansons de Mylène Farmer.
Le parc-nature du Bois-de-Saraguay est en effet un espace insolite de 96 hectares, situé dans l'arrondissement d'Ahuntsic-Cartierville, où s'élève une forêt féerique plantée d'arbres rares, comme l'érable noir et le micocoulier occidental. Et, telle une oasis dans le désert des songes, apparaît bientôt, au 9095 boulevard Gouin Ouest, la Maison Mary-Dorothy-Molson, une étrange demeure bourgeoise d'inspiration néo-géorgienne construite en 1929.
Quant à l'île aux Chats, qui fait partie du parc-nature du Bois-de-Liesse, son aura est légendaire. Selon la croyance populaire, elle était à l'origine le repaire de nombreux ratons laveurs qu'on désignait par ignorance sous le nom de « chats sauvages ». En outre, les Ériés, une tribu amérindienne également connue sous le nom de « Nation du Chat », ont vécu là au XVIIe siècle, dans des longères en bois, ajoutant à ce territoire une dimension sacrée et mystérieuse… Ces lieux et paysages intrigants que la petite fille rêveuse arpente ressurgiront dans les clips de la chanteuse où souvent s'étendent les espaces enneigés du Canada. Les années passées chez les sœurs éveilleront en elle une fascination ambivalente pour la religion catholique.

UN BAIN COULEUR SANG

Sœur Marie-Claire, la première directrice de l'établissement, installe ses quatre classes de maternelle dans une maison à un étage du boulevard Gouin et, forte du succès de son entreprise, doit recruter de nouveaux enseignants, laïcs pour la plupart, qui sortent de l'École normale de Montréal. Parmi eux, Yolande Lebercque, une institutrice débutante aux longs cheveux roux coulant sur ses épaules, qui accueillera Mylène pour la première fois en classe.
« Je m'en souviens d'autant mieux qu'elle fut l'une de mes premières élèves, raconte-t-elle. Une petite fille pas très grande, mais toujours très tranquille, effacée, un peu timide. Ma classe se trouvait alors dans la petite maison du bord de l'eau, un lieu magique pour les enfants, où tout avait été conçu à leur taille. […] La classe de Mylène se trouvait en entrant à gauche, près des toilettes. C'est là que je lui ai appris à lire et à compter. C'était une bonne élève, studieuse et appliquée. Elle me parlait avec

l'accent de chez nous. Il faut dire que tous ses petits camarades étaient des Québécois pur sucre[1]. »
Chaque matin, un bus scolaire sillonne les différents quartiers avoisinants et fait halte rue du Belvédère pour emmener Mylène qui, avec les autres enfants, se rend au collège où les cours débutent à 8 heures. Déjà sauvage et peu encline à la vie collective, elle se tient à l'écart de l'agitation ambiante et, lorsque ses camarades reprennent en chœur les comptines apprises à l'école, elle préfère se murer dans le silence.
Autre souvenir pénible de cette période, elle aurait été contrainte un jour de rentrer chez elle par ses propres moyens…
Un matin de 1967, on dit que plusieurs élèves se seraient plaints avec insistance auprès de la maîtresse d'une odeur pestilentielle qui aurait envahi la classe. Celle-ci d'abord les rabroue puis constate que cette senteur nauséabonde émane de Mylène qui se retrouve copieusement insultée. Pleine d'empathie pour sa petite protégée, Mme Lebercque l'entoure de toute sa commisération et parvient, tant bien que mal, à calmer l'assistance jusqu'à la fin des cours.
Le soir, prise de panique à l'idée de vivre une nouvelle scène d'humiliation en montant dans le bus, la petite fille décide de parcourir à pied les 6 kilomètres qui la séparent de chez elle. Sa mère s'inquiète et alerte la police qui finit par retrouver l'enfant égarée au fond du bois.
Le lendemain, Mme Lebercque reçoit la visite de Marguerite, la mère de Mylène, qui lui explique que l'avant-veille, dans le garage familial, sa fille est tombée « nez à truffe » avec une mouffette, un mammifère noir semblable à un chat dont on sait au Canada qu'en cas de menace il projette sur sa proie une sécrétion de liquide malodorant issue de ses glandes annales. Dans ces cas-là, la seule solution est de désinfecter entièrement la maison…
Marguerite se range à l'avis de la maîtresse qui, afin de débarrasser Mylène de son odeur pestilentielle, lui conseille de ne pas suivre les recettes de la médecine traditionnelle, recourant à l'eau de Javel ou au chlore en solution, trop nocives à ses yeux, mais de tout simplement faire prendre à sa fille un bain de jus de tomate.
Cette scène d'immersion dans un liquide âcre et écarlate, liée au rapport fille/mère, tellement pittoresque qu'on la croirait tirée d'un conte, a en tout cas le mérite d'apporter une explication romanesque à la fascination de Mylène pour le sang. Dans l'un de ses clips, elle se mettra d'ailleurs en scène, nue et baignant dans un fleuve d'hémoglobine…

UNE FASCINATION AMBIVALENTE POUR LA RELIGION…

À l'école, les sœurs Henriette et Marie-Claire dispensent à la fillette un enseignement fondé sur l'austérité et une morale rigoureusement manichéenne.
L'enfant tourmentée déteste à tel point les études qu'elle se plante devant les grilles du collège Sainte-Marcelline à 7 h 30 tapantes, c'est-à-dire une demi-heure avant le début des cours, pour devancer le supplice.
Plus tard, dans ses chansons, afin de conjurer le sort de son enfance malheureuse, tout en exprimant son attirance contradictoire pour ses bourreaux[2], Mylène Farmer se plaira à remettre en question Dieu et ses messages d'amour pur. La silhouette des prêtres, religieuses et autres serviteurs de Dieu la hante mais, dans son œuvre, elle déploiera toute son énergie pour les associer à la sexualité, a priori interdite et taboue, au libertinage, à la décadence, ou encore au parfum perdu de l'innocence de l'enfance.

Retour en France : « Sans contrefaçon, je suis un garçon ! »

En 1969, après avoir rempli sa mission au Canada, la construction du barrage de Manicouagan, Max Albert Gautier rejoint la France avec sa famille. On s'installe dans la commune bourgeoise de Ville-d'Avray, et plus précisément au Domaine de la Ronce, un lotissement où, entre un étang et une forêt, s'élèvent des immeubles luxueux. Cet espace de verdure est découpé par une allée centrale, mentionnée sur les cartes du XVIIIe siècle, qui mène au château de Thierry, un manoir néo-classique fondé en 1776. Un décor caractéristique du siècle des lumières, qui a sans aucun doute influencé la chanteuse dont les premiers clips – tels que « Libertine » – sont peuplés de personnages évoluant en ces années prérévolutionnaires.

Une adolescence française
Château de Thierry
92410 Ville-d'Avray

La petite fille de huit ans, qui souffre d'être privée des hivers rigoureux et des grandes étendues sauvages du Canada, a bien du mal à s'adapter au climat tempéré du Bassin parisien.
Un jour, alors qu'elle va chercher le courrier dans le hall de l'immeuble familial, le gardien l'apostrophe pour lui demander son prénom. « Je m'appelle Mylène ! », répond-elle au concierge qui lui lance que c'est un très joli prénom pour un garçon. Il faut dire qu'elle porte alors les cheveux courts, se montre audacieuse et téméraire, et possède un timbre de voix plutôt grave.
Par la suite, elle retournera la situation en sa faveur en se présentant, le temps d'une chanson (« Sans contrefaçon »), sous les traits du chevalier d'Éon, cet agent secret du nom de Charles de Beaumont qui, au XVIIIe siècle, entretenait des doutes sur son sexe.
Et puis, la petite Mylène a conservé de son pays natal un accent québécois fort marqué qui suscite la moquerie de ses camarades. Pour mettre fin à sa douleur d'être mise à l'écart, elle demandera à suivre des cours d'orthophonie qui lui permettront de maîtriser parfaitement la prononciation française. Mais la blessure est là. Et, ayant elle-même vécu l'épreuve de la stigmatisation, elle n'aura de cesse dans son existence de prendre la défense de ceux, homosexuels, malades ou handicapés, qui ne répondent pas aux canons sociaux.

Son attirance pour la « différence »

Déjà, à l'âge de onze ans, alors qu'elle suit des cours de catéchisme, Mylène se fait un devoir d'aller visiter chaque dimanche les enfants tétraplégiques qui sont admis à l'hôpital de Garches. Ce contact avec des êtres différents, paralysés de tous leurs membres, lui laissera un indélébile sentiment d'injustice doublé d'effroi. « On avait pour mission de jouer avec eux, de s'occuper d'eux, dit-elle. C'est insupportable ! C'est insupportable pour quelqu'un qui marche, pour quelqu'un qui s'ouvre, pour quelqu'un qui vit… Ce sont des choses qui ont été des électrochocs dans ma vie, et c'est assez difficile après de supporter cette injustice[3]. »
Plus tard, en femme empathique hantée par ces souvenirs dominicaux, Mylène Farmer, tout en prenant soin de se tenir à l'abri des caméras, déploiera tous ses moyens pour venir en aide aux enfants malades.
Marraine de l'association Arc-en-Ciel, dont la mission est de réaliser les rêves des enfants atteints du cancer, de la myopathie ou de maladies orphelines, l'actrice Sophie Marceau se souvient avec émotion du soutien de la star. « Un jour, Mylène Farmer est venue à l'hôpital pour voir un enfant nager avec des dauphins, déclare la comédienne. Ces moments d'évasion sont importants pour les enfants qui vivent un quotidien difficile[4]. »

En 2000, grâce à l'association Petits Princes, œuvrant au profit des enfants et des adolescents, le jeune poète midi-pyrénéen Yohann Brillaud[5], atteint d'une malade génétique grave, jouit de l'incomparable privilège de passer plus d'une heure avec son idole. Après son concert à Toulouse, celle-ci le reçoit en effet dans sa chambre d'hôtel toulousaine où, avec autant d'hospitalité que de générosité, elle entame avec lui un long dialogue à bâtons rompus.

L'association Poussières d'étoiles a coutume d'accompagner les enfants en fin de vie, en organisant à leur intention des spectacles, des lectures ou autres manifestations divertissantes. Geste parmi tant d'autres qu'elle a accomplis en faveur de cette ONG, Mylène Farmer profite de la Noël 2010 pour faire parvenir à chacune des jeunes têtes blondes ou brunes hospitalisées à travers la France un exemplaire de son album *Bleu noir,* agrémenté d'une dédicace personnalisée, ainsi que des livres, des albums ou des jeux de société.

En 1993, afin de perfectionner son rôle dans *Giorgino*, le film de son complice Laurent Boutonnat, dans lequel elle incarne une jeune femme autiste, Mylène a assisté aux entretiens d'un psychiatre avec des malades dont elle a observé le comportement « différent », qui se manifeste en particulier à travers la gestuelle des mains : « Je suis fascinée par les enfants autistes. Par le mystère qu'ils gardent. Par leur incapacité à communiquer[6]. »

Sensible aux enfants victimes de cette pathologie, elle participe, le 6 décembre 2014, à la fête de Noël de la Maison de TED – un concept créé par l'association Sur les bancs de l'école, qui a ouvert une structure d'accueil pour les enfants TSA[7] et leurs familles –, en offrant une hotte de cadeaux aux jeunes malades.

Auprès des enfants handicapés
Hôpital de Garches
92380 Garches

Mais l'engagement humanitaire de Mylène Farmer ne se limite pas au monde de l'enfance. À sa façon clandestine, elle œuvre aussi en faveur des handicapés, des exclus, et se mobilise contre le cancer, le sida et l'homophobie.

Le 25 avril 1993, à l'hôtel Le Méridien de Nice, dans le cadre d'« Un coup de pinceau pour un coup de pouce », une vente aux enchères organisée au profit de l'Association des paralysés de France, elle se joint à 350 personnalités du show business qui, selon leur inspiration, ont chacune décoré un galet ramassé sur la promenade des Anglais. Le sien, sur lequel elle a dessiné le corbeau emblématique de son album *L'Autre…*, s'est arraché à prix d'or !

Du 23 au 29 octobre 2003, se tient à l'Hôtel Dassault de Paris l'exposition « 100 femmes pour la vie » qui rassemble des peintures réalisées et offertes par 100 femmes célèbres, dont le bénéfice des ventes sera intégralement reversé à l'institut Gustave-Roussy de Villejuif, afin de lutter contre le cancer du sein. Le jour où le commissaire-priseur mène les enchères, la toile de Mylène Farmer, constituée d'un collage d'œuvres de Théodore Chassériau, au centre duquel elle a dessiné une femme enceinte, pulvérise tous les records et atteint la coquette somme de 6 500 euros !

Mylène, aux côtés d'enfants « différents » sur le tournage du clip « Désenchantée », 1991.

Une future vétérinaire ?
Village équestre de Conches
27190 Conches-en-Ouche

La fille qui murmurait à « l'oreille des chevaux »

Depuis toujours, Mylène apprécie la compagnie des animaux qui, contrairement aux humains, ignorent tout des jugements et des différences. Les chevaux, réputés pour être nobles et affectueux, la séduisent à tel point que, de « Pourvu qu'elles soient douces » à « Fuck Them All », ils galoperont dans nombre de ses clips.

En 1976, alors qu'elle tâtonne en classe de seconde où elle songe vaguement à devenir vétérinaire, elle demande à suivre des cours d'équitation.

C'est ainsi qu'elle devient stagiaire à Conches, une commune normande entourée de plaines et cerclée d'une grande forêt, où s'élèvent de vieilles bâtisses, vestiges du passé, qui abrite le premier établissement équestre de France agréé par l'Éducation nationale. Précisons que c'est là, entre Paris et la mer, que fut notamment tourné en 1952 *Le Trou normand*, un film qui réunit Bourvil et Brigitte Bardot.

À Conches, dans un décor qui rappelle celui de son Canada natal, Mylène s'épanouit, d'autant qu'elle se révèle une cavalière fort douée qui finira par intégrer l'équipe de dirigeants du club hippique où elle bénéficiera de cours gratuits.

Outre le cheval, une créature à son image, fière et noble, Mylène nourrit une passion pour les animaux qui savent aimer sans juger.

Mylène, dont les prouesses hippiques seront saluées par le grand Mario Luraschi, montera à cheval dans nombre de ses clips.

Le Cadre noir, École nationale d'équitation

Situé près de Saumur (Maine-et-Loire), Le Cadre noir est un corps de cavaliers d'élite français, instructeurs à l'École nationale d'équitation, dont la doctrine, fixée par le général L'Hotte au XIXe siècle, est la suivante : « Le cheval calme, en avant, et droit. »

Avenue de l'École Nationale d'Équitation
49411 Saumur Cedex

Forte de son don inné pour le sport hippique, un art où elle excelle, Mylène se présente à dix-sept ans au concours de formation au monitorat du Cadre noir, où l'on pratique l'équitation de tradition française.

Mais la voici bientôt qui se détourne de sa passion car son projet, pour lequel elle se serait engagée corps et âme, qui consiste à fonder un centre équestre pour les handicapés, est compliqué à réaliser dans la mesure où il n'existe aucun cours destiné à cette frange « différente » de la population.

Il demeurera de son expérience auprès des chevaux, dont ceux de robe noire restent ses préférés, des images qui la montrent en altière cavalière.

Dans le clip de « Pourvu qu'elles soient douces », par exemple, elle monte Llamado, un pur andalou prêté par l'éminent Mario Luraschi qui ne tarit pas d'éloges sur les talents de cavalière de la chanteuse. Selon lui, elle se montre particulièrement agile et intrépide dans les courses au grand galop, qu'elle affectionne.

Mylène comédienne
Cours Florent
75004 Paris

Mylène dans le rôle de Zézette

Après avoir renoncé à sa carrière de cavalière et interrompu ses études en classe de terminale littéraire, au grand dam de ses parents qui ne savent plus comment raisonner leur fille fantasque et insaisissable, Mylène s'installe dans un petit appartement au 16 avenue du Général-Leclerc, dans le 14ème arrondissement, afin de prendre ses distances avec sa famille.

Songeant à devenir comédienne, un rêve d'enfance, elle suit d'abord les cours de théâtre de Daniel Mesguich, dont l'aspect sérieux et rébarbatif la lasse rapidement, puis s'inscrit au fameux Cours Florent. Fondée en 1967 par François Florent, cette école de théâtre qui, à l'issue d'une audition, accueille des élèves âgés d'au moins dix-sept ans, compte à son palmarès un nombre impressionnant d'acteurs réputés qui ont fait sa renommée.

Là, elle est formée par le metteur en scène et professeur d'art dramatique Rémy Chenille, qui anime la classe Louis Jouvet où Mylène Gautier[8] côtoie notamment Vincent Lindon, Agnès Jaoui, Thierry Mugler et Anne Roumanoff.

Mylène se distingue de ses camarades par sa personnalité discrète, mystérieuse, étrange, et, peu disposée à s'exposer à la lumière ou à incarner un autre personnage que le sien, elle se tient à l'écart du groupe. « Elle restait dans son coin, observait beaucoup les gens et ne parlait pas tellement, raconte Anne Roumanoff, l'humoriste d'origine russe. Je me souviens qu'un jour on était en cours dans une petite salle, et elle jouait une scène de Tchekhov.

Elle était à califourchon sur un banc. Elle avait mis devant elle un verre avec de l'eau dedans. Le mec en

mylene farmer

La chanteuse en herbe, dans son petit appartement parisien, sous le regard de Charles Baudelaire.

face était à califourchon aussi. Elle avait un petit soldat de plomb. Et elle a fait toute la scène en chuchotant, en tripotant le petit soldat de plomb dans le verre, en regardant à peine le mec. C'était bizarre ! Notre prof avait beau être un peu spécial, personne ne faisait des trucs bizarres comme ça[9]. »

Dans le cadre d'un atelier, l'actrice décalée est amenée à jouer une scène du *Père Noël est une ordure* où, au côté de Thierry Mugler – dont elle fera son costumier attitré –, elle incarne le personnage non moins décalé de Zézette[10] qui se situe à mille années-lumière de celui, sauvage et énigmatique, qu'elle façonnera par la suite. Mais encore une fois, la jeune femme ambivalente, qui éprouve plaisir et souffrance mêlés en montant sur scène où elle se plaît avant tout à observer les autres, ne s'épanouit pas dans l'univers du théâtre bien qu'il ait à ses yeux beaucoup de charme…

Alors, en attendant de trouver sa propre « voix », celle qui, par orgueil et désir de liberté, ne peut supporter d'être assistée financièrement enchaîne les jobs alimentaires. On la voit à la télévision vanter les mérites de la lessive Le Chat Machine, des ciseaux Fiskars, du loto… Puis, tout en faisant du mannequinat, elle devient l'assistante d'un gynécologue. Nul doute que, du haut de son nuage sulfureux, Éros a mis le doigt sur un domaine dont la « Libertine » deviendra spécialiste.

Farmer / Boutonnat, un tandem éternel

Au premier plan, le tandem Farmer/Boutonnat, en compagnie du manager Bertrand Le Page (à gauche).

1984, l'année décisive
Island Productions
92800 Puteaux

En ce début des années 1980, la jeune Mylène est consciente qu'elle désire exercer une profession en rapport avec le show business, sans savoir exactement laquelle, ni avoir d'entrée dans ce milieu sélect.

Au hasard de ses fréquentations, elle se lie d'amitié avec Jérôme Dahan, un auteur-compositeur doublé d'un assistant régisseur qui officie chez Island, une maison de production cinématographique. Là, comme ailleurs, elle a pris l'habitude de chanter sur les accords de piano de son ami, trêves récréatives qui la comblent de plaisir.

Un soir, chez Island, débarque un habitué des lieux nommé Laurent Boutonnat. Auteur et cinéaste au talent prometteur, il fondera bientôt avec Dahan sa propre entreprise d'édition musicale.
Né comme elle en 1961, Boutonnat possède tous les atouts pour séduire Mylène. Ils sont tous deux issus d'un milieu familial aisé marqué par la religion, cette religion austère qui leur permettra d'échafauder une œuvre commune empreinte de libertinage, le contrepoids de la morale chrétienne. Et, l'un comme l'autre, ils ont interrompu tôt leurs études pour se consacrer à leur passion. Celle de Laurent est avant tout liée au septième art. Dès l'âge de dix-sept ans, il a réalisé *Ballade de la féconductrice*, un long-métrage présenté à Cannes en 1979. Interdit aux moins de dix-huit ans, ce film met en scène une jeune fille qui sème la mort sur son passage, émascule des enfants avec des ciseaux, et contient des séquences trash qui ne sont pas pour déplaire à la belle.
Et puis, celui qui a étudié le piano très tôt dans l'enfance est aussi un féru de musique, domaine dans lequel il s'apprête à se lancer pour concilier ses deux pôles d'intérêt.
Dès ce soir où il franchit le seuil d'Island Productions, un coup de foudre tant amoureux qu'esthétique unit Laurent et Mylène qui donnera lieu à une longue collaboration artistique.

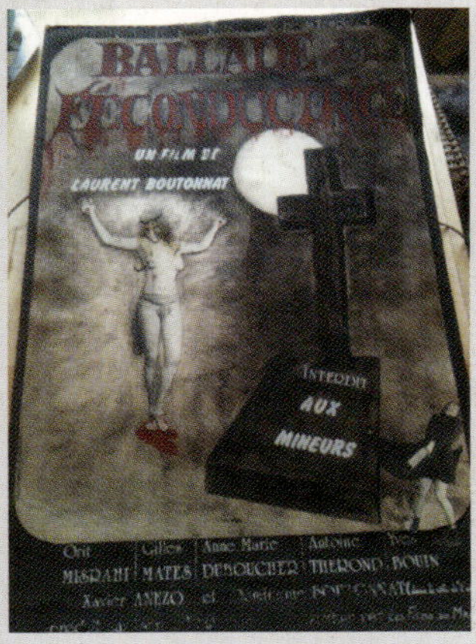

Mylène Gautier devient Mylène Farmer
Studio Le Matin calme
93300 Aubervilliers

Genèse de « Libertine »

Auteur-compositeur, ingénieur du son et arrangeur de talent, Jean-Claude Déquéant s'est vite imposé dans le métier grâce à son travail avec Yves Simon – dont il a réalisé dix albums –, Alain Souchon (*J'ai dix ans*, 1974) et Renaud (*Ma gonzesse*, 1979).
À la fin des années 1970, confronté à la crise qui a relégué les arrangeurs au second plan, il quitte l'autoroute du show-biz et crée, dans l'appartement hérité de ses parents, son propre studio, baptisé Le Matin calme en hommage à ses deux filles d'origine coréenne.
Sa petite structure, néanmoins équipée d'un matériel professionnel et coûteux (enregistreur vingt-quatre pistes, périphériques divers, piano à queue, synthétiseurs, etc.), qui a nécessité un lourd investissement, lui permettra d'œuvrer librement pendant dix ans.
Bientôt, Jérôme Dahan et Laurent Boutonnat écrivent « Maman a tort », une chanson faussement naïve qui traite du bout des mots des amours saphiques, qu'ils proposent en vain à plusieurs interprètes.
Finalement, ils la font écouter à leur amie Mylène qui, avec son joli brin de voix et son air angélique, idéal quand on aborde un sujet sulfureux, se l'approprie avec aisance. C'est ainsi que, courant 1983, au studio Le Matin calme, la chanteuse en herbe enregistre une maquette de fortune du titre où sa voix se mêle à une boîte à rythmes et des synthétiseurs.
Après plus d'un an de démarchages infructueux, François Dacla, président de la firme RCA, accepte de faire signer à Mylène un contrat de licence[11], sans pour autant désirer s'engager dans des frais supplémentaires. Donc, selon un stratagème qui s'avérera payant, on réalise une fausse nouvelle version enrichie de la chanson et, en mars 1984, Mylène Gautier, qui en hommage à l'une de ses actrices préférées, Frances Farmer, a opté pour le pseudonyme de « Farmer », sort son premier 45 tours.

Sur la pochette du disque « Maman a tort » figure deux dédicaces, l'une adressée à Frances Farmer et l'autre à Louis II de Wittelsbach ou de Bavière.

Née en 1913, Frances Farmer est une star hollywoodienne qui, victime d'une gloire mal assumée et d'une liaison houleuse avec le comédien Leif Erickson, a sombré peu à peu dans l'enfer de l'alcool et des amphétamines, consommées soi-disant pour soigner sa silhouette. En janvier 1943, sa mère, dont les attitudes à son égard semblent moins affectueuses que malveillantes, l'oriente vers un hôpital psychiatrique où la jeune femme finira par trouver « asile ». Après y avoir subi des traitements violents– des injections d'insuline aux électrochocs en passant par les viols successifs, rien ne lui est épargné –, l'actrice torturée sort de l'hôpital à l'âge de trente-sept ans. Bientôt, elle plonge de nouveau dans les affres de l'alcool et meurt, vingt ans plus tard, des suites d'un cancer de l'œsophage.

L'intrigant Louis II de Bavière a inspiré de nombreux romans et films, dont *Ludwig, le crépuscule des dieux*, réalisé par Visconti, et, selon Charles Baudelaire, l'un des poètes préférés de Mylène, il reste le « seul grand roi » de son siècle. Né le 25 août 1845 à Nymphenburg, près de Munich, il succède à son père, Maximilien II, à l'âge de dix-neuf ans. Sur la suggestion de son ami le compositeur Richard Wagner, il se lance dans la construction de tous ces châteaux de style médiéval auxquels la Bavière doit son charme et, le 22 janvier 1867, se fiance avec Sophie de Bavière–la sœur de la fameuse « Sissi » –, avant de prendre conscience de son homosexualité. Précisons que la dynastie des Wittelsbach, qui a multiplié les unions consanguines, est réputée pour avoir donné naissance à des descendants schizophrènes. Cette pathologie familiale est-elle à l'origine du comportement insaisissable de Louis II qui, au détriment de la gestion de son gouvernement, privilégie

Avec Vivien Savage, Jeanne Mas et Axel Bauer, les représentants de la new wave des années 1980.

l'édification des mythiques châteaux bavarois, et se retrouve, tout comme son frère, sous la tutelle d'un psychiatre de renom ? Le 13 juin 1886, soit trois jours après son internement, le roi et son médecin sont découverts morts dans le lac de Starnberg. L'hypothèse du meurtre reste l'explication historique la plus vraisemblable…

En puisant les couleurs de son univers, encore à l'état embryonnaire, dans les légendes de Frances Farmer, qui incarne un romantisme franchissant les frontières de la raison, et de Louis II de Bavière, surnommé « le roi fou », la chanteuse adepte des symboles a sans nul doute voulu prôner le droit à la folie dont elle nourrira son œuvre.

Le single « Maman a tort » s'écoule à 100 000 exemplaires, un chiffre modeste à l'époque, mais suffisant pour propulser sa carrière de chanteuse.

Un jour de 1985, dans son studio du Matin calme, Jean-Claude Déquéant fait défiler en accéléré l'une de ses dernières compositions intitulée « L'Amour tutti frutti ». La chanson captive l'oreille de Mylène qui en fredonne d'emblée le refrain : « Je, je, je suis une pute ! » Ces mots crus, échappés de son imaginaire, seront remplacés par la suite par : « Je suis une catin ».

Ainsi est née « Libertine », une chanson coquine qui gravira les sommets du Top 50 en 1986, et s'inscrira, grâce à son audace mêlée d'élégance, dans les annales de la pop française. Réalisé par Laurent Boutonnat, le clip de la chanson, dont on ne peut nier la réussite esthétique, séduira la chaîne TV6[12] qui le diffusera maintes fois, et contribuera au succès de cette apologie des amours libertines.

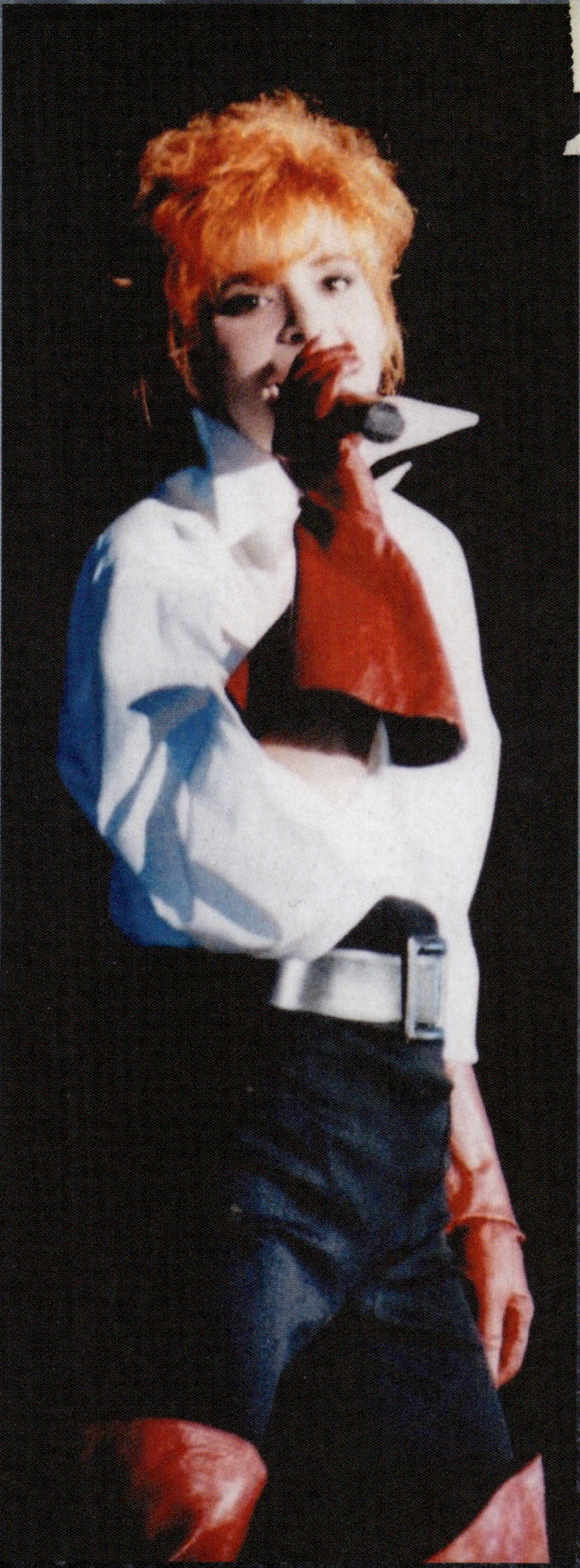

Mylène nue dans le clip de « Libertine »

Produit par l'agence Movie Box, le clip de « Libertine » a nécessité quatre jours de tournage, en mai 1986, au château de Ferrières.

Situé en Seine-et-Marne, sur les communes de Ferrières-en-Brie pour son bâti et de Pontcarré pour son parc à l'anglaise, il a été conçu en 1829 par Joseph Paxton, pour le baron James de Rothschild. Édifié entre 1855 et 1859, et inauguré le 16 décembre 1862 par Napoléon III, il est réputé être le château français le plus luxueux du XIXe siècle.

Derrière les façades de style néo-Renaissance se tient un splendide escalier d'honneur, réplique de celui du Crystal Palace de Londres, qui fut fondé à l'occasion de l'Exposition universelle de 1851. Quant aux appartements, composés de vingt-huit suites équipées du chauffage central et de l'eau courante, ils offraient, dès le départ, tout le confort que l'on pouvait attendre à l'époque.

« Libertine », un clip de légende
Château de Ferrières
77164 Ferrières-en-Brie

Ce décor somptueux et grandiose est à l'image du clip de Mylène Farmer dont l'action se déroule au XVIIIe siècle, alors que l'Ancien Régime touche à sa fin et que brille le siècle des lumières. En cette période, des romanciers, tels que Crébillon, Sade ou Laclos, expriment une liberté de penser et d'agir qui se caractérise le plus souvent par une dépravation morale, une quête égoïste du plaisir. *Les Liaisons dangereuses*, œuvre-phare du libertinage de Choderlos de Laclos, considérée alors comme outrageusement licencieuse, fit scandale et provoqua un flot de commentaires significatifs. La marquise de Conflans aurait confié « avoir fermé sa porte à Laclos », avouant qu'elle « aurait eu peur de se retrouver avec lui ».

L'écrivain Restif de la Bretonne note avec ironie que « des jeunes filles se prostituèrent pour obtenir une copie des *Liaisons dangereuses* après que leurs mères leur avaient interdit de lire le livre ». Quant à la reine Marie-Antoinette, on dit qu'elle en gardait un exemplaire dans une reliure rendue discrètement anonyme…

Dans le court-métrage de « Libertine », où, une première dans l'histoire du clip français, la chanteuse apparaît parfaitement nue, Mylène incarne le bien et campe le personnage d'une jeune femme travestie qui provoque un homme en duel qu'elle tue à la fin du combat. Sa maîtresse (Sophie Tellier[13]) qui, elle, symbolise le mal, ne songe plus qu'à venger la mort de son amant. Ainsi, comme deux aimants qui s'attirent et se repoussent au gré du champ magnétique, les deux femmes sont entraînées dans un tourbillon de ressemblances et de différences, d'amour et de haine, d'identification et d'agressivité…

Cette séquence est représentative de l'univers ambivalent de Mylène Farmer, qui fait écho à la thématique rimbaldienne du double opposé, quand « je est un autre ». Et, dès lors, la chanteuse ne cessera plus de jouer la carte de la dualité car, selon elle, l'être humain est animé par des pulsions contradictoires qui ne peuvent le réduire à une image unique.

C'est dans cette optique qu'elle sera tour à tour dans ses clips celle qui sauve (dans « Désenchantée ») et celle qui tue (elle incarne la mort dans « Pourvu qu'elles soient douces »), celle qui triomphe (« L'Instant X »), celle qui doute (« À quoi je sers… »), celle que l'homme manipule (« Sans contrefaçon ») et celle qui le châtie (« Beyond My Control »)[14].

Son œuvre, qui reflète les multiples visages humains, lui permet donc d'investir, sans jamais perdre sa crédibilité, des personnages aussi contrastés que l'enfant provocatrice de « Maman a tort », la créature androgyne de « Sans contrefaçon », la rousse flamboyante et sans tabous de « Libertine », la jeune fille romantique à l'excès de « Tristana », la prostituée de « California », ou la femme de verbe d'« Optimistique-moi »...
En faisant usage à sa façon du double opposé – la mort et la renaissance, la sagesse et la déraison, la gravité et la dérision, la pureté de l'enfance et le libertinage, la violence et l'amour... –, Mylène Farmer saura, avec autant d'élégance que de charisme, surprendre le public qu'elle conduira chaque fois à un endroit inattendu. Si l'on se rend sur les lieux du « crime » de « Libertine », c'est-à-dire au château de Ferrières, on retrouve la plupart des plans du parc visibles dans le clip, ainsi que les scènes de la salle de jeu, tournées dans l'une des pièces de réception de l'édifice. Quant au mur devant lequel Bernard Leloup a flashé Mylène pour réaliser une photo extraite d'un reportage sur le tournage du clip publié dans *Télé 7 jours*, il s'étend sur l'une des deux façades du château. D'une durée de 10 minutes 53, cette véritable œuvre cinématographique made in Boutonnat incitera Mylène à s'appuyer sur l'image pour illustrer ses chansons dont elles deviendront indissociables. Le clip, objet virtuel symbolique, sera désormais l'une de ses marques de fabrique.

Mylène Farmer, pendant le festival de Cannes en 1987, sur le plateau de l'émission de Patrick Poivre d'Arvor « À la folie pas du tout ».

La scène de la baignoire
Château de Brou
77177 Brou-sur-Chantereine

Un bain voluptueux

Construit au XVIIe siècle par le sieur Denys Feydeau, le château fera partie du patrimoine de cet homme influent et de son illustre lignée d'intendants royaux et de conseillers d'État jusqu'au milieu du XIXe siècle, avant d'être vendu, faute d'héritiers, à Charles-Floréal Thiébaut, un fondeur en bronze d'art, dont les descendants sont les actuels occupants.
Dans ce château, classé monument historique depuis 1984, furent tournées les scènes de salle de bains du clip de « Libertine ».

Mylène et Laurent : « Moteur ! »

Au Mercury, qui a fait place aujourd'hui au Queen, une boîte de nuit branchée des Champs-Élysées, le clip de « Libertine » est projeté en avant-première le 18 juin 1986, pendant la Coupe du monde de football. Ce jour-là, les journalistes, qui avaient été impressionnés par le soin apporté à la réalisation de « Plus grandir », un véritable court-métrage en forme de pavé dans la mare du petit monde du clip, sont à l'affût de ce que leur réserve encore le tandem détonnant Farmer/Boutonnat.
« Pour parler franchement, se souvient l'un d'eux, nous sommes tous allés à la projection de "Libertine" davantage par curiosité vis-à-vis du travail de Laurent Boutonnat que par goût pour les chansons de Mylène Farmer. Mais le moins que l'on puisse dire, c'est que nous n'avons pas été déçus ![15] » En effet, face à la clameur approbatrice qui s'élève dans la salle, Mylène et Laurent ont compris que leur œuvre de près de 11 minutes, dont le format et l'esthétique n'ont pas d'égal dans le domaine du clip, a conquis les critiques. Les voici tous deux propulsés vers une gloire ascensionnelle.

Le début d'une gloire ascensionnelle
Le Mercury (actuellement Le Queen)
75008 Paris

Un bain voluptueux pendant
le tournage de « Libertine ».

Mylène échappe au pire
Polydor
75018 Paris

Meurtre chez Polydor !

En février 1985, Mylène Farmer sort le single « On est tous des imbéciles », présenté aux médias par cette phrase impertinente : « Mylène Farmer est une imbécile. Et vous ? » La chanteuse et son équipe misent sur le succès de ce titre plein d'autodérision qui sera exploité en radio et défendu par la chanteuse sur les plateaux de télévision.

Déçue par l'échec de cette entreprise provocatrice, Mylène décide en accord avec Laurent Boutonnant, avec qui elle forme un tandem tant indissociable qu'ambitieux, de quitter RCA pour Polydor où officie Alain Lévy qui met à sa disposition des moyens financiers à la hauteur de ses exigences.

Ainsi, en septembre, la chanteuse fait paraître le 45 tours « Plus grandir » dans sa nouvelle maison de disques qui fait preuve de tant d'efficacité à son endroit qu'elle décidera de ne plus jamais quitter ce label, aujourd'hui englobé par le groupe Universal.

Le 12 novembre 1991, une tragédie surviendra dans les locaux de Polydor.

Laurent Berger, un individu de vingt-quatre ans à tel point fanatique de Mylène Farmer qu'il ne peut tolérer que les courriers enflammés qu'il lui adresse restent sans réponse, fait irruption au 2, rue Cavallotti où il insiste auprès du réceptionniste pour rencontrer son idole. Essuyant un refus, le fan fou furieux brandit un fusil, blesse à mort le jeune homme et emprunte en courant l'escalier qui conduit aux bureaux du label où il tire au hasard sur divers employés. Par miracle, son arme s'enraye et l'hécatombe est évitée.

Après ce meurtre, Mylène ne sombrera pas dans la paranoïa et refusera d'être encadrée de vigiles. En revanche, elle éprouvera un profond sentiment d'empathie mêlé de culpabilité à l'égard de la victime et, choquée, s'exilera aux États-Unis où elle tentera d'oublier pendant quelques semaines la gloire et son revers funeste.

coup de folie
POUR L'AMOUR DE MYLE
…epuis des années, Laurent était fou d'elle. …ais Mylène Farmer ne répondait jamais à …s lettres. Alors, un jour, Laurent s'est mis …colère. Et, armé d'un fusil, il s'est rendu …ez Polydor, la maison de disques de la star.

Laurent Berger (à gauche) habitait dans cet immeuble de Nancy (ci-dessus). Mais il lui arrivait encore souvent de passer quelques jours chez ses parents, à Épinal. Dans sa chambre (ci-dessous), la table où il s'asseyait pour écrire ses lettres à son idole. Des lettres demeurées sans réponse.

L'AMOUR, IL NE L'A TOUJOURS PAS RENCONTRÉ

Le postier a tué pour Mylène Farmer

Déjà les policiers, alertés, se précipitent à sa recherche. Une course poursuite s'engage dans l'immeuble où il tente de se cacher. Il a abandonné dans un couloir le fusil, maintenant inutile. C'est finalement dans un bureau que les policiers découvrent l'homme, hagard.

Il est immédiatement confié aux soins de la 2e D.P.J., qui reçoit ses confidences. C'est parce que la chanteuse Mylène Farmer n'a jamais voulu répondre à ses lettres enflammées, à ses poèmes et aux chansons qu'il lui envoyait régulièrement que le postier a voulu tuer... Il en voulait aux employés de la maison de disques de l'artiste de ne pas

trente-sept ans est venu ici pour « faire un carnage ». Chaque balle aura sa victime, il en a décidé ainsi en quittant Nancy (Meurthe-et-Moselle) où il habite pour venir à Paris. Face à lui, un jeune réceptionniste, Laurent, vingt-sept ans. Pas une parole n'est échangée entre les deux hommes. Le coup part, le réceptionniste s'écroule, grièvement blessé. Le tireur fou poursuit son chemin. Il monte dans les étages à la recherche de nouvelles victimes. Dans un bureau, il tombe sur deux jeunes femmes affolées. Son fusil à nouveau chargé, il s'apprête à tirer, mais l'arme s'enraye, un miracle...
Le forcené prend alors la fuite.

Audrey G

Mylène, Éros et Thanatos

Après avoir signé chez Polydor, d'abord pour trois albums, Mylène Farmer sort le 25 septembre 1985 le 45 tours « Plus grandir », le premier titre dont elle a écrit les paroles, qui expriment son désir de rester pour l'éternité en territoire d'enfance.

Héritière du romantisme allemand, empreint d'une imagerie fantastique, qui prône une entière liberté artistique, stimulée par l'exaltation de la nature et des sentiments, Mylène est, durant la première partie de sa carrière, obsédée par la fuite du temps. Ce temps qui entraîne inexorablement la déchéance physique et fait se profiler le spectre de la mort : « Aux vies qui s'abaissent à voir la mienne / Je sais / Qu'il me faudra prendre congé d'elles / Un jour ou l'autre [16]. »

En cela, la rousse flamboyante est une digne héritière de Barbara, « la longue dame brune » qui, pour échapper aux menaces de la vieillesse, revendiquait le droit de disparaître à la fleur de l'âge : « J'aime mieux m'en aller du temps que je suis belle / Qu'on ne me voie jamais fanée sous ma dentelle[17]... »

Animée par la crainte des assauts de Saturne, Mylène a enregistré une version mise en musique de « L'Horloge » de Charles Baudelaire – interprétée en ouverture de chacun de ses concerts de 1989 – qui, au rythme du tic-tac des aiguilles sur le cadran, indique aux mortels le début du compte à rebours fatal : « Le temps est un joueur avide / Qui gagne sans tricher, à tout coup ! c'est la loi[18]. »

Quant à la chanson « Plus grandir », elle exprime un désir de rester en état d'enfance, dans l'espoir que la Faucheuse saura nous oublier : « J'veux plus grandir / Plus grandir pour pas mourir[19]... ». Elle fait aussi allusion au passage de l'enfance à l'adolescence, période caractérisée par des transformations psycho-physiologiques indiquant l'éveil de la sexualité à laquelle Mylène redoute d'être confrontée.

Mais puisque le sexe comme la mort accompagnent nos vies de façon inéluctable, autant leur attribuer le premier rôle, afin de les apprivoiser et de les façonner à son image. Ainsi, en faisant d'eux des alliés, elle pourrait, du moins dans ses fantasmes, mettre en scène le premier au gré de son imaginaire et détourner le pouvoir inéluctable du second.

Voilà pourquoi l'œuvre de Mylène Farmer est hantée par les silhouettes d'Éros et de Thanatos...

La chanteuse avait tourné un clip de fortune pour illustrer « Maman a tort » ; à l'occasion du tournage de « Plus grandir », elle fait appel à Laurent Boutonnat qui, grâce au budget confortable de 50 000 francs (environ 7 600 euros) alloué par la maison de disques, s'apprête, en octobre, à réaliser un véritable court-métrage. Le premier d'une longue série...

D'une durée de 7 minutes et filmé en Cinémascope – un procédé de prises de vue esthétique peu usité dans le domaine du clip –, il traite du rapport duel mi-angélique, mi-satanique que Mylène Farmer entretient avec le catholicisme qui, dit-elle, a assassiné son enfance.

Comme on le sait, la chanteuse a été élevée au collège Sainte-Marcelline de Montréal où les sœurs employaient des méthodes sévères pour lui inculquer les doctrines chrétiennes ; quant à Boutonnat, qui façonna avec elle son univers artistique, il fut en partie scolarisé chez les frères jésuites. D'où l'omniprésence de la religion dans l'œuvre de Mylène Farmer.

Le péché occupant une place centrale dans le catholicisme, un bon chrétien se doit de proscrire les actes contraires à la morale ou de les confesser s'il veut obtenir le pardon et accéder au paradis où il jouira d'un éternel repos de l'âme. Ainsi, au cours de son passage terrestre, il a pour mission de faire le bien en luttant contre les pulsions humaines et les plaisirs défendus, comme celui qui consiste à avoir des relations sexuelles hors mariage.

Notre « libertine » n'est pas pour autant anticléricale et entretient avec la religion des relations pour le moins ambivalentes.

En prêtresse de la tolérance, elle exploite l'imagerie et les symboles du christianisme dans le but de mettre en lumière le sentiment de frustration de l'être humain et les barrières qui entravent l'expression de ses fantasmes. Par exemple, dans le clip de « Que mon cœur lâche » (1992), signé Luc Besson, où elle apparaît sous les traits d'un ange gardien missionné pour constater les dégâts de l'amour sur Terre, elle oppose sa volonté de respecter les interdits religieux à son désir de les transgresser pour accéder au plaisir.

Selon elle, la foi chrétienne aurait la vertu d'alléger le poids d'une réalité humaine dominée par la souffrance. Mais dans l'univers de Mylène, la croyance échoue et doit s'incliner face à une dureté de l'existence chaque fois triomphante, comme l'illustre le clip de « Je te rends ton amour » (1999). Ici, le prêtre qui pourtant incarne la chasteté prend l'apparence d'un démon poursuivant jusque dans le confessionnal une Mylène, vierge et innocente, qu'il viole et déflore dans un torrent de sang.

De la même façon, Rasoukine, le jeune amant de « Tristana » (1987), arbore une croix, symbole de pureté et d'espoir, mais finit par périr sous les coups de sabre vengeurs des guerriers envoyés par la tsarine.

Pour Mylène Farmer, la foi chrétienne, qui permet de distinguer le bien du mal, représente l'ultime rempart de paix contre la barbarie humaine. Si elle s'inspire dans son œuvre de la croyance religieuse, elle ne cherche en aucun cas à endoctriner le public car cette quête spirituelle lui est avant tout intime. Revenons au clip de « Plus grandir ». Tourné pendant quatre jours aux Studios Sets de Stains, un endroit fort prisé créé en 1982 par Philippe Gerber et Nicolas Prier, équipé de quatre plateaux et de quinze loges, il met en scène Mylène dans un château lugubre où règne un climat oppressant. Là, baignant dans une imagerie digne des contes fantastiques de la littérature anglaise du XVIIIe siècle, elle apparaît pour la première fois seins nus et prie la Vierge, une poupée de chiffon en main, avant de subir un viol sous le regard de deux sœurs qui la châtieront ensuite.

On trouve ici de nombreux thèmes que la chanteuse déclinera au fil de son œuvre tels que la religion, bien sûr, les angoisses et cauchemars d'enfance et, surtout, la difficulté de franchir le cap de l'adolescence, puis de l'âge adulte, symbolisé par l'acte sexuel qui semble autant désiré que redouté.

Le tour 2009, créé au stade de France.

Un fantôme de femme.

La « balade » des cimetières

Avant de nous plonger dans l'ambiance sinistre d'un château baroque, le clip de « Plus grandir » s'ouvre sur une scène qui a nécessité un jour de tournage, filmée au cimetière communal de Saint-Denis.

Ouvert en 1806 à la place de l'ancien cimetière Saint-Rémy et s'étendant sur 11,5 hectares, il ne reçoit plus de nouvelles concessions depuis 1978, date à partir de laquelle les défunts dionysiens sont inhumés au cimetière intercommunal des Joncherolles.

Notons que Pierre Degeyter, le fameux compositeur de « L'Internationale », fut enterré là, avec sa faucille et son marteau gravés dans la pierre, et que *Le Pacha* (1968), célèbre film de Georges Lautner avec Jean Gabin, débute sur une séquence tournée dans ce lieu.

Quant au clip de « Plus grandir », il commence sur l'image de Mylène qui pousse un landau. Puis celle dont le démon a eu raison s'arrête devant sa propre tombe où ces mots sont inscrits en guise d'épitaphe : « Mylène Farmer, Plus grandir ». Comme le montre le storyboard dessiné par la chanteuse, reproduit partiellement dans le programme de son premier spectacle en 1989, les dates « 1962-1985 » devaient à l'origine figurer auprès du nom de celle qui, selon l'état civil, est née en 1961. Ce détail prouve sa volonté de se tenir à distance du personnage qu'elle incarne.

Un clip sépulcral
Cimetière communal de Saint-Denis
93200 Saint-Denis

« Plus grandir », un clip qui fait scandale !

L'affaire des religieuses complaisantes

Le Kinopanorama – 75015 Paris

Inauguré en septembre 1959 à l'emplacement de l'ancien Splendid, le Kinopanorama est un cinéma doté d'une salle de 870 places sur trois niveaux, qui porte le nom d'un procédé soviétique de projection triple écran utilisé dans ce lieu jusqu'au milieu des années 1960 où il fut remplacé par un équipement 70 millimètres.

La rareté des copies de ce format aurait pu causer la fermeture du Kino en 1977 si, deux ans plus tard, à l'issue de la programmation exclusive et triomphale de la Palme d'or cannoise *Le Tambour*, restée à l'affiche pendant onze semaines, il n'avait pu retrouver ses lettres de noblesse. Unique cinéma parisien à proposer des projections 70 millimètres dans des conditions techniques irréprochables, il a ainsi connu une période d'embellie jusqu'en 1986.

En 1992, le cinéma sera racheté par Gaumont. Les habitués se détournant peu à peu du lieu, il devra fermer définitivement ses portes le 9 juillet 2002 pour laisser place à une salle de remise en forme !

Le 13 novembre 1985, Mylène Farmer, qui fourmille d'idées originales et inédites, décide de présenter en avant-première au Kinopanorama le clip de « Plus grandir », face à une assistance composée de professionnels des médias. Jugé scandaleux, il sera déconseillé par plusieurs directeurs de chaînes télévisées qui ne peuvent tolérer qu'on exhibe à l'écran une jeune femme violée devant des témoins qui ne sont autres que des religieuses. Des religieuses qui non seulement ne portent pas secours à la victime, mais la punissent de sa « faute » !

Ce clip se révélera prémonitoire… Le 5 février 2009, soit près de vingt-quatre ans plus tard, monseigneur José Cardoso Sobrinho, archevêque de Recife, ville du nord-est du Brésil, excommuniera avec la bénédiction du Vatican, la mère d'une enfant âgée de neuf ans accusée du péché mortel d'avoir fait avorter sa fille, enceinte de jumeaux, fruits du viol de son beau-père, un coutumier du fait ! Le tandem Farmer-Boutonnat pouvait-il imaginer que leurs fantasmes s'apparenteraient un jour à la réalité ?

Mylène entourée de personnages échappés d'un conte.

Une paysanne nommée Tristana
26420
La Chapelle-en-Vercors

Mylène et les sept nains

En février 1987, Mylène Farmer sort « Tristana », une chanson ajoutée dans le second pressage de son album *Cendres de lune*, paru l'année précédente. Écrite par la chanteuse, qui signe désormais tous ses textes, elle emprunte son titre au fameux film homonyme de Luis Buñuel, avec Catherine Deneuve, mais nous plonge dans une atmosphère slave.

Réalisé par Laurent Boutonnat, le clip de 11,30 minutes – l'un des plus longs de la carrière de Mylène – contient des séquences extérieures filmées en cinq jours à La Chapelle-en-Vercors, un village de la Drôme situé en plein cœur du Parc naturel régional du Vercors. Cette réserve naturelle, la plus vaste de France, ne possède ni route, ni habitation, mis à part quelques cabanes non gardées, et s'étend sur un territoire sauvage.

Là, Mylène et son équipe, qui logent dans des fermes de fortune, évoluent dans un paysage de neige au cours d'un tournage qui débute chaque jour à 6 heures du matin pour s'achever à 21 heures.

D'un romantisme exacerbé – nulle scène de nu à l'écran –, le clip est une sorte de remake du conte *Blanche-Neige et les sept nains*, transposé dans le contexte de la Russie prérévolutionnaire qu'on a reconstituée avec un savant soin historique.

BLANCHE-NEIGE Un an après les mignardises coquines de "Libertine", Laurent Boutonnat et Mylène Farmer ont eu la lumineuse idée d'emmener leur **Tristana** au fin fond des steppes glacées. Une fois de plus, ils font éclater la notion de clip et s'entêtent à prouver qu'une simple chanson peut parfois donner naissance à un véritable court métrage. Comble des combles, ici, les dialogues sont en russe sous-titré français. C'est l'histoire de Blanche-Neige au pays des Soviets. Une saga épique tournée dans le Vercors, avec traîneaux, toques, loups, cosaques et moujiks. Au mur de leur chaumière, les sept nains ont accroché un portrait de leur idole : Karl Marx. S'ils sifflent toujours en travaillant, c'est la faucille et le marteau sur l'épaule. Quant à la sorcière, elle est tsarine. Celle qui l'incarne jouait déjà les harpies dans "Libertine". Son éminence grise est un moine en noir : Rasoukine. Son patronyme vous dit quelque chose ? C'est bien celui auquel vous pensez. Rousse et flamboyante, Mylène Farmer prouve qu'elle est désormais totalement mûre pour le cinéma. Quant à Boutonnat, il planche déjà sur un long métrage. *Production : Movie Box. Disques : Polydor.*

Baignant dans l'imagerie maléfique de l'œuvre des frères Grimm, le court-métrage met en scène la tsarine (Sophie Tellier), maquillée sous les traits d'une sorcière qui éclate d'une colère sarcastique quand elle apprend que, dans son royaume, une jeune paysanne nommée Tristana rayonne d'une beauté supérieure à la sienne. Celle-ci file d'ailleurs le parfait amour avec Rasoukine, un personnage inspiré du révolutionnaire russe Voline Vsévolod Mikhailovitch Eichenbaum (1882-1945). Après avoir offert une croix en pendentif à Tristana, son jeune amant perd son sang sous la lame vengeresse d'un moine envoyé par la tsarine. Ici, tous les symboles farmeriens, comme la colombe, le sang et la croix, associés au thème de la révolte, mis en images grâce à des archives en noir et blanc de la révolution de 1917, sont utilisés pour créer une œuvre d'envergure tant cruelle qu'esthétique.

Notons que les séquences intérieures, représentant le château et la chaumière des sept nains, où est accroché le portrait de Karl Marx, furent tournées aux Studios Sets de Stains.

Ce clip est le premier d'une longue série qui illustre la fascination de Mylène Farmer pour les contes de fées. Nous savons que, durant son enfance canadienne, elle a reçu une éducation catholique stricte, dispensée par des religieuses qui séparaient le bien et le mal de façon parfois simpliste.

De là est née sa passion pour ce type de récits, caractérisé par un manichéisme enfantin et une esthétique gothique, qui mettent en scène les créatures échappées d'un cauchemar qu'elle affectionne, comme les marâtres, les sorcières ou autres êtres difformes.

Et puis le fait d'évoluer dans l'univers du conte, ce récit intemporel peuplé de personnages qui restent inchangés au fil des siècles, lui permet de stopper le temps et de conserver pour l'éternité son visage de neige.

La blessure du départ du père

Le clip de « Tristana » s'ouvre sur une séquence où apparaît cette furtive dédicace : « À papa ». Il faut dire que, le 11 juillet 1986, le père de la chanteuse est décédé des suites d'un cancer au centre hospitalier de Bobigny où Jacques Brel avait rendu son dernier souffle huit ans plus tôt. Ce drame creusa une entaille indélébile dans l'âme de Mylène qui n'avait pas eu le temps de partager ses bonheurs de star avec l'un des êtres qui comptaient le plus pour elle. En désespoir de cause, elle lui dédia la chanson hommage « Dernier sourire » (1989).

Mylène orpheline de son père
Hôpital Avicenne
93000 Bobigny

La jeune fille et la mort.

« Déshabillez-moi »
Opéra Garnier ou palais Garnier
75009 Paris

Une nouvelle Juliette Gréco !

Conçue dans la pure tradition des théâtres à l'italienne, la salle de spectacle de l'Opéra Garnier épouse la forme d'un fer à cheval dite « à la française », afin d'offrir au spectateur la meilleure visibilité possible. Sa structure métallique, masquée par le marbre, le stuc, le velours et les dorures, supporte les 8 tonnes que pèse le lustre de bronze et de cristal équipé de trois cent quarante lumières. Si le rideau de scène fut réalisé, selon les indications de Charles Garnier, par les peintres-décorateurs de théâtre Auguste Rubé (1817-1899) et Philippe Chaperon (1823-1906), le plafond, peint par Marc Chagall, fut commandé par le ministre de la Culture André Malraux qui l'inaugura le 23 septembre 1964.

C'est dans ce décor idyllique que, le 21 octobre 1987, à l'occasion des Oscars de la mode retransmis en direct à la télévision sur TF1, Mylène Farmer crée sa version, sensuelle et coquine, de « Déshabillez-moi[20] », une chanson inscrite au répertoire de Juliette Gréco, femme dotée comme elle de cette audace élégante, à qui elle a tenu à rendre hommage. Pour l'anecdote, notons qu'en fin de prestation Mylène lève son bras droit, dévoilant à son insu une petite partie de son sein…

La muse de Saint-Germain-des-Prés applaudira en ces termes la recréation de sa cadette : « C'est la seule qui s'en sort pas mal ! Elle a un petit côté sado, un petit côté vainqueur, un petit côté cuir… Avec un physique, comme ça, illuminé par des bougies, tout à coup elle balance ça. J'aime bien[21] ! »

Le délicieux fessier de Mylène fait recette

Fondé en 1937 et mitoyen du Lido, le Normandie, conçu dans un style art moderne, fut ainsi baptisé en raison de sa salle de 2 000 places considérée à l'époque comme aussi spacieuse que le paquebot *Normandie*. Équipé dès 1953 d'un écran Cinémascope, il fut acquis par une entreprise publique qui fusionna avec d'autres distributeurs pour créer, en 1971, l'Union générale cinématographique (UGC). Par la suite, il s'est spécialisé dans les projections en avant-première.

C'est dans ce cinéma que, le 6 mai 1987, Mylène Farmer choisit de présenter le clip de « Tristana », qui fut nominé aux Victoires de la musique.

Fidèle à sa tradition, la chanteuse décide de projeter là, le 6 octobre 1988, *Libertine II*, le court-métrage d'une durée de 17 minutes 52 qui illustre sa chanson « Pourvu qu'elles soient douces », face à des journalistes choqués mais surtout émoustillés de découvrir sur grand écran ses savoureuses fesses.

« Tristana » nominé aux Victoires de la musique
Cinéma UGC Normandie
75008 Paris

Sur le tournage du film *Giorgino* de Laurent Boutonnat, en 1992.

Une private joke à l'origine d'un tube
83680
La Garde-Freinet

Naissance de « Sans contrefaçon »

En août 1987, Mylène Farmer loue une villa de vacances avec Laurent Boutonnat dans le village varois de La Garde-Freinet où elle reçoit pendant quelques jours Elsa Trillat, sa photographe qui est aussi une amie proche. Au cours de leur séjour provençal, les deux complices écoutent en boucle une compilation de Marie Laforêt, une artiste qui n'est pas étrangère à « l'univers Farmer ». Ce n'est d'ailleurs pas un hasard si, le 14 janvier 1987, Guy Béart convia Mylène dans l'émission télévisée « Béart 87 » pour chanter avec elle « Frantz », un duo qu'il avait créé vingt-trois ans plus tôt avec « la fille aux yeux d'or », une autre chanteuse libertine chic.

Marie et Mylène possèdent incontestablement de nombreux points communs personnels et artistiques. Elles ont toutes deux vécu une enfance bourgeoise, sous la férule des religieuses ; malgré leur beauté, elles n'ont jamais accepté leur physique ; elles se plaisent à cultiver le mystère, semblent dissimuler la même blessure secrète, tout en pratiquant, quand cela leur chante, un humour débridé. En outre, certaines complaintes de Marie Laforêt méconnues du grand public, comme « Luciana » ou « L'Automne rêve aux lilas », investies de notes aiguës vibrant dans une effusion d'angélisme, distillaient dans les années 1970 cette suave nostalgie que l'on retrouvera chez Mylène.

Et elles éprouvent l'une pour l'autre une admiration réciproque.

En 1987, Marie Laforêt profite de sa présence dans une émission où elle a carte blanche pour inviter Mylène Farmer qui chante « Sans contrefaçon ». Tandis qu'elle ne tarit pas d'éloges sur la jeune chanteuse prometteuse, cette dernière rejoint son aînée sur le plateau où, l'air effarouché, elle lui fait part de son affection pour son singe capucin, qu'elle soigne et cajole. « Ça occupe ! », lui lance alors l'interprète de « Viens, viens », avec l'humour pince-sans-rire qu'on lui connaît.

Deux ans plus tard, en guise d'échange de bons procédés, Mylène choisit d'inscrire au programme de son spectacle à Bercy « Je voudrais tant que tu comprennes », une chanson où se lamentent les amours meurtries que Marie Laforêt créa en 1966.
« On appartient à une même famille artistique, mais chacune a son identité, raconte Marie. Je l'ai croisée à une époque où elle était très effarouchée par les journalistes et parlait extrêmement peu. Je me suis retrouvée deux fois en interview avec elle. Elle était quasiment muette, si bien que je me sentais obligée de meubler un peu. Elle était infiniment touchante : on sentait déjà en elle une vraie patte créative, un tempérament volontaire. Elle avait l'air d'un oiseau tombé du nid[22]. »
Comme sa doyenne de cœur, connue pour son art de démythifier son statut de star avec la plus grande désinvolture, Mylène Farmer saura se tenir à distance du show business.

Donc, au son des chansons de Marie Laforêt, Mylène profite de la présence d'Elsa Trillat pour se répandre en confidences sur son enfance où, à cause de ses cheveux courts, on la prenait pour un garçon. Confusion des genres qu'elle se plaisait à alimenter, pour mieux semer le trouble, en glissant un mouchoir au creux de son pantalon. Sur la lancée, elle évoque son idée d'écrire un nouveau titre qui s'intitulerait « Sans contrefaçon, je suis un garçon ». Les deux amies se piquent au jeu et, au bord de la piscine, un dictionnaire de rimes en main, elles achèvent en une demi-heure le texte de « Sans contrefaçon ».
Le soir même, Laurent Boutonnat les rejoint et, muni d'un mini-synthétiseur, il habille le texte d'une mélodie accrocheuse qu'il achève sous leurs yeux en quelques minutes.

Quant à la fameuse introduction parlée : « Dis maman, pourquoi je suis pas un garçon ? », elle est née d'une *private joke* entre Elsa et Mylène. Pour se réapprovisionner en Coca-Cola, leur « drogue » commune, la chanteuse se rend régulièrement à l'épicerie du village. Or, un jour, son amie la met au défi de s'adresser à la vendeuse avec une voix de gamine. La malicieuse Mylène s'exécutera avant de pouffer de rire avec sa complice.
Le 16 octobre 1987, le single « Sans contrefaçon » est commercialisé et atteint le sommet des charts. Neuf ans plus tard, suite à sa diffusion au générique du film de Gabriel Aghion, *Pédale douce*, il deviendra le cri de ralliement de la communauté gay séduite par cette chanson qui prône le droit de choisir son inclination sexuelle. Dès lors, Mylène surfera sur la vague de l'ambiguïté, tandis que les médias lui attribueront le statut d'« icône gay ».

À la place de Marie Laforêt, son idole, Mylène donne la réplique à Guy Béart pour chanter « Frantz ».

En compagnie d'un perroquet
et du chimpanzé Cheetah.

Mylène Farmer ou la provocation permanente

Afin de promouvoir « Sans contrefaçon », Mylène Farmer, qui n'est pas assez célèbre pour se protéger derrière les remparts du mystère, qui deviendra par la suite le plus précieux et efficace de ses « attachés de presse », participe à nombre d'émissions télévisées populaires où, portant veste à carreaux et casquette de poulbot chic, elle chante en esquissant des pas de danse.

Le 10 octobre 1987, elle est l'invitée d'honneur de « Mon Zénith à moi », un talk-show d'une durée d'une heure animé par Michel Denisot, diffusé chaque samedi en clair sur Canal +, et qui répand depuis sa création un parfum poivré de scandale. En 1986, Catherine Lara y fit son coming out, en avouant avec esprit que ce qui l'attirait avant tout chez un homme, c'était sa femme ! Quant à « Gainsbarre » – et non pas Gainsbourg, qui savait faire preuve de plus d'élégance –, il s'y montra sous un jour proprement pathétique en s'attaquant avec mépris à la chanteuse Catherine Ringer – dont on sait qu'elle dut tourner des films porno pour simplement survivre – qu'il traita tout bonnement de « pute » !

Revenons sur la prestation de Mylène qui, tandis qu'elle cajole un chimpanzé baptisé Cheetah, dont son ami éleveur, Gaëtan Baley, lui a confié la garde, profite de ce coup de projecteur pour organiser une première rencontre avec Zouc, cette humoriste sombre et atypique dont l'inquiétante étrangeté échappe à tout cadre, avec qui elle tournera bientôt sur la plage de Vauville le clip de « Sans contrefaçon ».

« Suis-je morbide ? »
Studios Canal +
75015 Paris

Jouant de son personnage impur fasciné par la religion catholique, dont elle se soumet aux dogmes tout en les transgressant, elle n'hésite pas à faire part à son interlocuteur de son attirance sexuelle pour les prêtres. Ensuite, elle présente au public un sujet sur les enfants handicapés de l'hôpital de Garches, qu'elle allait visiter quand elle était enfant. C'est alors qu'apparaît à l'écran une petite fille au squelette déformé et aux dents translucides, souffrant de la maladie des os de verre, qui provoque chez la chanteuse un bref élan de commisération.

Dans le but de sensibiliser le spectateur au problème de la torture à travers le monde, elle commente maintenant des images extraites des archives d'Amnesty International, où se succèdent des scènes de pendaison, ainsi que l'exécution capitale d'un homme dont on jette la tête dans une fosse… Après avoir visionné ces séquences insoutenables, une Mylène impassible avoue son désir d'assister au « spectacle » d'une décapitation intégrale et s'explique : « Ce n'est pas un plaisir sadique, mais presque. J'ai une sorte de complaisance vis-à-vis de la violence dans ces images de mort. Ça suscite plein de réflexions. J'aime bien voir ça. Je crois que ça suscite en moi une forme d'excitation. »

Mylène Farmer, à qui on peut accorder le mérite d'oser bousculer les tabous, apparaît à la fois comme une femme dépourvue d'empathie et une enfant insouciante qui va s'adonner pendant une heure à une joute facile entre Éros et Thanatos, symboles du sexe et de la mort. Une prestation provocante qui a semé le trouble chez le grand public et même déconcerté les fans. Mais que s'est-il passé ? L'état de fébrilité dans lequel sont souvent plongés les artistes quand ils se trouvent sur un plateau de télévision a-t-il contribué à ce que la chanteuse perde tout sens de la mesure ?

Ce n'est pas si simple car Mylène, qui n'établit pas de frontière étanche entre réalité et fiction, s'est tout simplement plu dans cette émission à exhiber les scènes macabres dont elle a le goût comme si elles étaient imaginaires.

De son côté, son manager Bertrand Le Page, qui a craint de voir s'écrouler l'entreprise Farmer, ne cache pas sa fureur et lui demande d'adopter à l'avenir une attitude plus contenue. Et, en effet, lors de ses prochains shows télévisés, la chanteuse ne dérogera plus aux règles de la bienséance médiatique jusqu'au jour où, forte de sa notoriété de star, elle désertera les caméras pour semer ses grains de folie sur la seule scène.

En tout cas, il faudra du temps avant que cette émission jugée outrageante ne disparaisse tout à fait des esprits.
Près de dix ans après sa diffusion, Mylène l'évoquera encore à l'occasion d'une interview croisée avec Amélie Nothomb, sa jumelle littéraire.
« Je voulais exprimer la beauté qui se trouve dans la violence et l'horreur. C'est pourquoi j'ai choisi deux reportages sur les exécutions. Une exécution est, bien entendu, répugnante et cruelle, mais il s'en dégage une réelle force. Les mots me manquent pour exprimer ce que je ressens.
– Vous aviez alors affirmé éprouver de la joie en voyant ces images, lui rappelle l'écrivaine.
– C'était peut-être maladroit. Il faut faire attention à ce que l'on dit et songer aux conséquences possibles. Même la mort d'un proche peut être fascinante. Voir cette personne morte me parut presque un spectacle. Suis-je morbide ou vais-je au-delà de ça ? Est-ce une preuve d'amour ? Je ne sais pas[23]. »

Mylène « en famille ».

GIORGINO
IRCUS

Mylène donne la réplique à Zouc

Parsemée de dunes romantiques, la plage de Vauville est une longue étendue de sable léchée par la Manche dont le bleu contraste avec le ciel délavé du Cotentin.

Là, du 9 au 14 décembre 1987, dans un décor hivernal en clair-obscur fouetté par le vent, Laurent Boutonnat réunit les membres de son équipe pour tourner le clip de « Sans contrefaçon ».

Parmi eux, Zouc, la comédienne et humoriste mystérieuse tout de noir vêtue que Mylène a rencontrée deux mois plus tôt sur un plateau de télévision et dont elle apprécie la voix, les qualités de silence et le personnage torturé digne d'un film de Bergman.

Inspiré de *Pinocchio* et du *Petit Cirque* (1973), une bande dessinée noire et sinistre de Fred, le court-métrage de 8 minutes 43 met en scène Mylène, grimée en pantin désarticulé, ainsi que son créateur. Mis à la porte d'un cabaret où ils jouaient *Les Aventures de Sans Contrefaçon*, les deux complices unis par un lien fusionnel sont tout à coup projetés sur une plage brumeuse où se dresse le Giorgino Circus, peuplé de forains lugubres et hostiles. Surgit alors une sombre et étrange créature, incarnée par Zouc, qui métamorphose le pantin en ravissante jeune femme dont s'éprend le marionnettiste. Celui-ci sera dépité quand, après le départ de l'ensorceleuse, il ne retrouve à son côté qu'une vulgaire marionnette de bois...

Dans ce clip, qui effleure le thème de l'autisme, différentes symboliques sont suggérées, laissant au spectateur le choix de son interprétation personnelle.

Tournage du clip « Sans contrefaçon »
Plage de Vauville
50440 Vauville

Les délices des amours libertines

Le 12 septembre 1988, le jour de ses vingt-sept ans, Mylène Farmer sort le single « Pourvu qu'elles soient douces » qui, avec 500.000 exemplaires vendus, demeure l'un de ses plus grands succès.

Il faut dire que la belle exploite ici avec brio son art de la provocation élégante – sa marque de fabrique. Dix-sept ans après Gainsbourg, qui a voulu faire scandale en enregistrant avec Jane Birkin « La Décadanse », un slow prônant les délices de l'amour par-derrière, Mylène vante les plaisirs de la sodomie avec finesse et fausse naïveté.

Pour ce faire, sulfureuse mais jamais vulgaire, elle dépoussière dans sa chanson le vieux *Kamasutra* et ose montrer son charmant fessier dans une séquence du clip. Réalisé par Laurent Boutonnat à la fin août 1988, il fut tourné en neuf jours dans la forêt de Rambouillet.

Située dans le sud du département des Yvelines, s'étendant sur 200 kilomètres carré, elle est l'un des principaux massifs forestiers d'Île-de-France. Constituée principalement de chênes et de résineux, elle est semée d'étangs, de zones rocheuses, d'étendues de sables, de vallons et de cascades, autant d'éléments appropriés au climat romantique du court-métrage.

Ayant pour toile de fond la guerre de Sept Ans, premier conflit européen qui, de 1756 à 1763, opposa principalement le royaume de France au royaume de Grande-Bretagne, cette grande puissance maritime, le clip nécessita une précise reconstitution historique. À ce propos, en forme de suite de « Libertine », il doit débuter sur l'image de Mylène retrouvée inanimée aux côtés de son amant par des soldats anglais venus combattre auprès de l'armée prussienne. Or, dans la réalité, ceux-ci, malgré mille tentatives, ne sont jamais parvenus à pénétrer en territoire français à cette époque. Donc, selon les conseils d'un expert, Boutonnat et son coscénariste, Gilles Laurent, ont dû user d'une astuce : lesdits soldats anglais arrivent par erreur en France, et c'est au moment où ils entendent « Libertine » s'exprimer dans la langue de Molière qu'ils en prennent conscience.

Toujours vivante et plus androgyne que jamais, à tel point que certains soldats ont des doutes sur son identité sexuelle, c'est au capitaine, Alec Parker, qu'elle choisira d'offrir son délicieux fessier.

Chaque jour, Mylène débute le tournage à 5 heures et l'achève le lendemain à 1 heure, tout comme les 600 figurants qui sont en majorité des appelés de l'armée française.

Pour les vêtir, Laurent Boutonnat fut confronté à une pénurie de vêtements du XVIIIe siècle, due aux préparatifs de la commémoration du bicentenaire de la Révolution française. Il dut donc se résoudre à se rendre jusqu'à Marseille pour dénicher un nombre suffisant de costumes d'époque.

« Pourvu qu'elles soient douces », un clip historique
Forêt de Rambouillet
78120 Rambouillet

Tournage du clip « Pourvu qu'elles soient douces », 1988.

Dans le clip « Sans logique », 1989, une corrida humaine.

Une polémique « Sans logique »

Basés non pas dans la ville qui leur a donné leur nom, mais dans une commune voisine, à une trentaine de kilomètres au sud de Paris, les studios d'Arpajon furent créés en 1987 dans un ancien hangar à pommes. Pierre-Luc Forveille, avec l'aide de son complice Pascal Bécu, eut l'idée d'aménager dans cet entrepôt un studio de cinéma équipé d'une dizaine de plateaux de tournage, allant de 400 à 1 300 mètres carrés, et qui, grâce au bouche à oreille, allait attirer les plus grands réalisateurs pendant un quart de siècle.

Là, Leonardo DiCaprio joua dans *L'Homme au masque de fer* (1996-1997), Alain Resnais tourna notamment *On connaît la chanson* (1997), Dany Boon filma des scènes de *Bienvenue chez les Ch'tis* (2007)... Puis, destinée prosaïque, les grandes portes rouges du studio mythique se refermèrent en 2012 sur la réalisation d'une publicité pour une célèbre compagnie d'assurances.

Après avoir sorti en février 1989 le single « Sans logique » – quatrième extrait de son album *Ainsi soit je...* – où elle évoque sa dualité, Mylène Farmer s'enferme pendant une semaine aux studios d'Arpajon où Laurent Boutonnat tourne le clip de la chanson.

Ayant puisé ses couleurs maléfiques et esthétiques dans le tableau *Le Sabbat des sorcières* de Francisco de Goya – un peintre connu pour ses univers cauchemardesques où évoluent des créatures monstrueuses et malfaisantes –, le réalisateur met en scène une Mylène métamorphosée en Minotaure. Traquée par son amant-torero, elle finira par avoir la peau de ce traître, dont elle pourfend le torse, sous les acclamations hystériques d'une nuée de femmes voilées.

L'une des photos du clip, où la chanteuse arbore yeux blancs et cornes métalliques, sera l'objet d'une polémique. Lors de la campagne pour les élections européennes, Jacques Cheminade, président du Rassemblement pour une France libre, la fait placarder sur les murs, avec le message suivant : « Ils promeuvent la laideur et la drogue ! » Refusant que son image soit associée à la drogue, Mylène Farmer assigne en référé ce parti politique et obtient le retrait de toutes les affiches.

« Sans logique »
ou le sabbat des sorcières
Studios d'Arpajon
91180
Saint-Germain-lès-Arpajon

Le premier des concerts mythiques
Palais des Sports
75015 Paris

La première scène parisienne de Mylène

Du 18 au 25 mai 1989, la chanteuse, enfermée depuis cinq ans dans le bocal des studios, passe l'épreuve du feu scénique au Palais des Sports, à l'époque l'unique salle de la capitale pouvant accueillir jusqu'à 5 000 spectateurs.

En ce soir de première parisienne, dans un décor inspiré des monolithes de Stonehenge, la chanteuse ouvre une grille et apparaît sur le plateau, où, tantôt survoltée dans « Sans contrefaçon » ou « Libertine », tantôt à fleur d'émotion dans « Ainsi soit je… », elle se révèle en bête de scène qui, malgré le gigantisme du spectacle, parvient à conquérir au plus intime le cœur du public.

En guise de pacte d'amour avec lui, elle achève son spectacle sur « Je voudrais tant que tu comprennes », une chanson empruntée à son idole Marie Laforêt, qu'elle dédie aux spectateurs enflammés.

À l'issue d'une tournée hexagonale, l'adepte des symboles fait transporter le décor de son premier spectacle dans une plaine où il sera détruit par les flammes…

Vacances au pays des maharajas
Rambagh Palace
Jaipur, Rajasthan
Inde

La princesse rousse et le joyau de Jaipur…

En juin 1989, après sa première série de concerts parisiens au Palais des Sports, Mylène s'octroie quelques jours de vacances en Inde en compagnie de son amie photographe Marianne Rosenstiehl.
Là-bas, elle réside au Rambagh Palace, réputé pour être le « joyau de Jaipur » qui, conçu selon une luxueuse architecture typiquement indienne et bordé de jardins soigneusement entretenus, fut l'ancienne résidence du maharaja de la ville.

En ce palais féerique, la princesse rousse se baigne dans les flots azurés de la piscine intérieure, déguste une savoureuse cuisine locale, savamment épicée, au restaurant doté de hauts plafonds et de peintures murales scintillants à la lueur des lustres. Puis, le soir, quand le ciel passe du rose à l'orangé, elle fait une promenade en calèche aux abords de l'hôtel, guidée par un majordome, avant de s'étendre sur le lit à baldaquin de sa chambre décorée de riches tissus, de tapis élégants et de motifs muraux peints à la main.
Durant la journée, Mylène arpente les dédales de Jaipur, la capitale du Rajasthan, aussi plaisante que vivante qui, de l'aube au crépuscule, est envahie par des milliers de rickshaws[24]. Cette ville, rude mais romantique, où les femmes, altières et flamboyantes, arborent des bijoux en argent et des vêtements chatoyants, et où les hommes, coiffés de splendides turbans, portent encore le pagne qui leur enserre les genoux, la fascine.
Quant aux animaux, croisés çà et là, dont on sait qu'ils lui inspirent le plus grand respect, ils l'attendrissent, même si les singes du pays se montrent moins dociles qu'ET, le petit capucin qui partage sa vie depuis 1985[25].
Son appareil photo en bandoulière, la chanteuse flashe les principaux sites historiques de Jaipur – City Palace, Hawa Mahal, Jantar Mantar – mélange d'exotisme et de modernité, où l'architecture est une élégante synthèse de style moghol et rajput, agrémentée d'une touche britannique lorsqu'elle fut conquise par les Anglais.
Mais déjà la star se lasse de ce pays où elle a débarqué par hasard et songe à regagner la France où l'attend son complice, Laurent Boutonnat, pour tourner le clip de « À quoi je sers… » en Loire-Atlantique…

Mylène se tue à l'écran

En juillet 1989, celle qui aime brouiller les pistes sort le single isolé « À quoi je sers… », dans lequel, à l'orée de sa gloire, elle évoque à la surprise générale sa volonté d'arrêter de chanter…

D'une durée de 4 minutes 58, filmé en noir et blanc par Laurent Boutonnat, le clip de la chanson est tourné au lac de Grand-Lieu, le plus grand lac naturel de plaine en France, situé à 30 kilomètres de Nantes, en bordure du pays de Retz. Alimenté en eau par l'Ognon, la Boulogne et son affluent la Logne, il représente un patrimoine naturel d'exception pour la commune de Saint-Aignan.

Là, une valise en main – dont on ne découvrira jamais le contenu –, Mylène attend au bord de l'eau. Le brouillard dense dissimule la silhouette d'un homme dans une barque. Il s'approche d'elle et la fait monter dans l'embarcation qui, doucement, glisse sur l'eau.

Puis apparaissent à l'écran les protagonistes des précédents succès de la chanteuse. Ainsi, le double opposé de « Libertine », le marionnettiste de « Sans contrefaçon », le capitaine anglais de « Pourvu qu'elles soient douces » et l'amant-torero de « Sans logique » s'éloignent avec Mylène, marchant dans les eaux du Styx – un fleuve qui, dans la mythologie, doit être franchi sur la barque du passeur des âmes pour entrer aux Enfers.

Ce clip symbolise la fin d'une première période artistique de Mylène Farmer qui désire amorcer une rupture avant de réapparaître en 1991 avec un album au titre significatif : *L'Autre*…

La fin d'un cycle artistique
Lac de Grand-Lieu
44860
Saint-Aignan-de-Grand-Lieu

Mylène
dans la cour des grands
Palais omnisport de Bercy
75012 Paris

Son premier spectacle grandiose

Mylène Farmer clôt l'année de sa première prestation scénique en apothéose puisque, les 7 et 8 décembre 1989, elle s'offre le Palais omnisport de Bercy. Si Jeanne Mas l'y a devancée au mois de septembre, Mylène sera la première artiste féminine française à faire salle comble.

Ses prouesses suscitent l'engouement du public mais aussi des journalistes : « Sur scène, Mylène Farmer est à la France ce que Michael Jackson est aux USA », déclare Nagui.

Lors de son passage à Bruxelles, ce spectacle grandiose, à l'image de ceux qu'elle donnera désormais, est mis en images par Laurent Boutonnat qui en réalise une véritable œuvre cinématographique très sobrement intitulée : Mylène Farmer en concert. Dès lors, chacune de ses rentrées parisiennes sera filmée de façon professionnelle.

Une rare photo de Mylène
répétant avec ses choristes.

Rupture avec Bertrand Le Page
École nationale supérieure
des beaux-arts
75006 Paris

Mylène m'a tué !

Située face au musée du Louvre, en plein cœur de Saint-Germain-des-Prés, l'École nationale supérieure des beaux-arts de Paris est un établissement public qui a pour mission de former des étudiants se destinant à la création artistique de haut niveau. Héritière de l'Académie royale de peinture et de sculpture fondée au XVIIe siècle par Louis XIV, elle demeure un haut lieu de rencontre entre la création, le patrimoine et l'histoire, et occupe une place essentielle sur la scène artistique et culturelle.

À l'issue de la tournée triomphale de Mylène Farmer, achevée à Bercy, Bertrand Le Page, son manager, décide en accord avec Polydor d'organiser une cérémonie fastueuse au cours de laquelle on remettra à la chanteuse un disque de diamant couronnant le succès de l'album *Ainsi soit je*…

Ainsi, le 8 décembre 1989, Le Page convie à l'École des beaux-arts plus de 500 personnes du gotha parisien, afin de fêter l'événement dans un luxe et une solennité dignes de la diva qu'il se vante d'avoir façonnée.

Mais tandis qu'Alain Lévy, le P-DG de la maison de disques, remet sa récompense à la jeune star, la plupart des invités prestigieux restent impassibles et ne décollent pas le nez de leur assiette. Face à tant d'indifférence, le manager éclate d'une colère foudroyante, brise les chaises, sous les yeux d'une Mylène qui menace de quitter les lieux s'il ne se ressaisit pas. Mais, choquée, l'assistance a déjà déserté la salle !

Pourtant habituée à son comportement fantasque, la chanteuse, qui considère que la coupe est pleine, décide dès le lendemain de chasser définitivement Bertrand Le Page de l'entreprise Farmer. Se sentant trahi par celle qu'il surnommera « la mygale », celui-ci prononcera cette phrase cinglante diffusée dans la presse : « Mylène m'a tué ! »

Mylène au pays des Carpates

« Désenchantée »
Rue Máriássy,
Budapest - Hongrie

Le 18 mars 1991, en guise de hors-d'œuvre à l'album *L'Autre*..., le single « Désenchantée » est commercialisé. Même si Mylène se tient délibérément à l'écart de toute revendication politique, on ne peut nier la portée sociale de cette chanson qui séduit toute une génération en mal d'enchantement. Une génération entre deux âges, laissée pour compte par les politiciens de droite comme de gauche avides de pouvoir, et nostalgique des idéaux de paix et d'amour d'un autre temps, définitivement évanouis dans un pragmatisme absolu. En février, Laurent Boutonnat et son équipe se sont rendus à Budapest, une ville idéale aux yeux du réalisateur. Au-delà des prix inférieurs à ceux pratiqués en France, on y trouve des paysages, comme les Carpates, en harmonie avec l'univers vénéneux du titre qu'il s'apprête à mettre en images. Là-bas, Mylène est captivée par tous ces enfants qui portent un masque de gravité sur le visage. Pas moins d'une centaine d'entre eux, rencontrés dans des écoles, des maisons de réinsertion ou même des centres pour handicapés, seront choisis pour illustrer le clip.

Du 18 au 23 février, celui-ci est tourné dans une usine désaffectée de la rue Máriássy, dans le 8e arrondissement de la capitale hongroise. Là, au sein de l'enfer d'un goulag reconstitué, Mylène Farmer évolue au côté d'Adil Med Mejrhirrou, un garçon de neuf ans, inscrit à l'école française de Budapest, dont le joli minois de gavroche l'a touchée en plein cœur. Aidé par sa compagne de cellule, la belle Mylène, ce petit protagoniste sera le fer de lance de la révolte des prisonniers qui le suivront pour s'évader... mais en pure perte.

La séquence finale de cette insurrection avortée qui tournera au désenchantement sera filmée dans la Puszta, une grande plaine hongroise située à l'écart de la ville, où s'étendent à perte de vue des steppes sèches, des fermes lointaines et des villages recouverts de neige.

À Budapest, sur le tournage de « Désenchantée ». Mylène mène la révolte des enfants prisonniers du goulag.

Duo avec Jean-Louis Murat

Peu de temps après le clip de « Désenchantée », les 25 et 26 février 1991, Mylène Farmer tourne celui de « Regrets », un titre interprété en duo avec Jean-Louis Murat, un chanteur au charme insolite et nonchalant, dont elle apprécie l'album *Cheyenne Autumn* (1989). Précisons que c'est à l'issue d'un an d'échanges épistolaires que l'interprète de « Si je devais manquer de toi » a accepté de se joindre à elle.

« Regrets »
Cimetière national Kerepesi
(ou cimetière national de Fiumei út)
Budapest, Hongrie

Le tournage se déroule au vieux cimetière juif de Salgótarjáni ut (en hongrois, Salgótarjáni úti zsidó temető), situé au fond de la nécropole nationale hongroise Kerepesi. Ouvert en 1874, mais tombé en désuétude depuis la Seconde Guerre mondiale, ce petit cimetière, où reposent d'illustres personnages juifs, demeure méconnu pour la bonne raison qu'il est éloigné du centre de Budapest et ne peut être visité que sur rendez-vous.

Filmé en noir et blanc surexposé, selon un procédé d'image ralentie, et baignant dans une ambiance spectrale noyée de brouillard, ce court-métrage met en scène un homme (Jean-Louis Murat) qui surgit à la porte d'un cimetière après avoir pris un mystérieux train. Il croise une biche sur son passage avant d'aller se recueillir sur une tombe, un bouquet de chardons à la main. Une femme (Mylène Farmer) arrive derrière lui et lui masque les yeux. Il lui donne la main et tous deux courent à travers le cimetière où ils partagent des instants complices... Ils finissent par se séparer après une ultime étreinte et la femme disparaît dans le brouillard, tandis que l'homme quitte le cimetière pour prendre un tramway qui l'emmène vers le néant des morts...

Paradis blanc

Après le succès colossal du *Grand bleu* (1988), Luc Besson s'apprête à sillonner les mers et les océans du monde entier pour tourner *Atlantis,* un film qui plonge le spectateur dans la beauté secrète des fonds marins. À l'aube des années 1990, le réalisateur connaît encore peu Mylène Farmer qui, dans son premier long-métrage, *Le Dernier Combat* (1983), a fait une apparition très furtive : deux plans à peine montrent à l'écran les jambes de la belle !

Un jour, Besson apprend que la chanteuse rêverait de fouler la banquise. Alors, profitant d'un dîner en sa compagnie, le cinéaste la prend au mot et l'invite à le suivre en Arctique où il doit s'envoler quelques jours plus tard avec son équipe de tournage. Elle accepte !

À l'été 1991 Mylène débarque donc aux abords du cercle polaire où elle se noie dans le silence du « paradis blanc ».

« La découverte de la banquise est un des moments les plus importants pour moi : j'ai eu en effet la chance d'aller en Arctique avec Luc Besson en 1991, se souvient-elle. C'est quelqu'un qui peut être extrêmement gentil mais on se voit très peu. Il nous a invités Laurent Boutonnat et moi pour le tournage de son documentaire *Atlantis*. Luc m'a ainsi offert de réaliser un de mes rêves : découvrir l'Arctique et sa banquise. Le mirage du paradis blanc ! Ce fut inoubliable de beauté et de silence. Ça reste un très beau souvenir, un bon moment. Je ne sais pas si je vais être très originale, mais ce qui me fascinait c'était le silence, le silence absolu. Le blanc, le froid, mais le silence avant tout[26]. »

Sur la banquise, la chanteuse est émue par tous ces petits enfants inuits qui l'encerclent, l'interpellent, pour tenter de toucher sa chevelure de déesse rousse. Et quand il est question pour elle de plonger dans l'eau glacée, elle s'approche d'un cratère d'où émerge un phoque, se tâte et lance sans appel : « Jamais ! »

Les liens entre Farmer et Besson se sont renforcés au cours de ce séjour polaire, à tel point qu'ils envisagent d'unir leur talent le temps d'un film dont elle tiendrait le rôle principal. En fait, leur collaboration se limitera au tournage du clip de « Que mon cœur lâche » (1992) et au doublage de la princesse Sélénia dans le film *Arthur et les Minimoys* (2006).

Rencontre avec Luc Besson
Arctique

« Beyond My Control »
Studios Sets
93240 Stains

Mylène Farmer au bûcher !

En avril 1992, Mylène Farmer sort un quatrième single extrait de son album *L'Autre*..., intitulé « Beyond My Control », dont le texte, évoquant une rupture amoureuse, est très largement inspiré du chef-d'œuvre de littérature libertine de Choderlos de Laclos, *Les Liaisons dangereuses*.

D'ailleurs, la chanson est ponctuée de cette réplique mythique : « *It's beyond my control* » (« c'est plus fort que moi ») que John Malkovich (le vicomte de Valmont) adresse à Michelle Pfeiffer (Mme de Tourvel), dans l'adaptation cinématographique du roman épistolaire réalisée en 1988 par Stephen Frears, dont on peut apprécier l'art d'avoir su montrer à l'écran avec brio la débauche décadente à la fin de l'Ancien Régime.

« Laurent Boutonnat est arrivé un jour avec ce sample, raconte l'ingénieur du son Thierry Rogen, qui contribuera à élaborer le "son Farmer". Il trouvait ça très "catchy" et la chanson s'est construite dessus. Il avait déjà les bases harmoniques et la structure de la chanson, mais c'était encore un délire de studio. C'est plutôt la chanson qui s'est greffée sur le sample. Puis le reste est venu, après que Mylène a enregistré ses voix. J'ai samplé des bouts de chœurs pour faire les "too-too-too" du début. Cette chanson a été enregistrée dans un bon amusement également. Concernant l'aspect juridique, Polydor a fait ce qu'il fallait pour obtenir les droits d'utilisation du sample[27]. »

Pour illustrer « Beyond My Control », Mylène Farmer imagine avec Laurent Boutonnat un clip esthétique et provocateur qui n'est pas conçu selon un scénario précis mais repose sur une succession de scènes hardies épousant les paroles de la chanson. Ainsi, avec une équipe réduite au minimum, le tandem s'installe pendant deux jours dans les Studios Sets de Stains où il a déjà tourné « Plus grandir » et « Ainsi soit je... ». D'une beauté crépusculaire, le court-métrage montre une Mylène sur un bûcher qui « brûle » d'une passion funeste et dévorante pour un bellâtre qu'elle surprend en train de faire l'amour avec une blonde ; des ébats amoureux qui feront l'objet d'une séquence particulièrement crue. La jeune femme trahie, vêtue d'une tunique blanche gréco-romaine, mord son amant à l'épaule, puis l'embrasse goulûment, un baiser ensanglanté, tandis qu'au-dehors des loups faméliques déchiquètent une charogne...

Il est à noter que les rushes contiennent des images très « chaudes » filmées avec Mylène qui n'ont pas été retenues au montage dans la mesure où elles n'ont pas satisfait le réalisateur sur le plan esthétique.

Ce clip sulfureux ne sera pas à proprement parler censuré par le CSA, mais il déclenchera un scandale abondamment relayé par la presse. La plupart des chaînes pratiqueront la « censure passive », mis à part M6 qui osera montrer ces images subversives, au cœur de la nuit, à l'heure où rôdent les vampires...

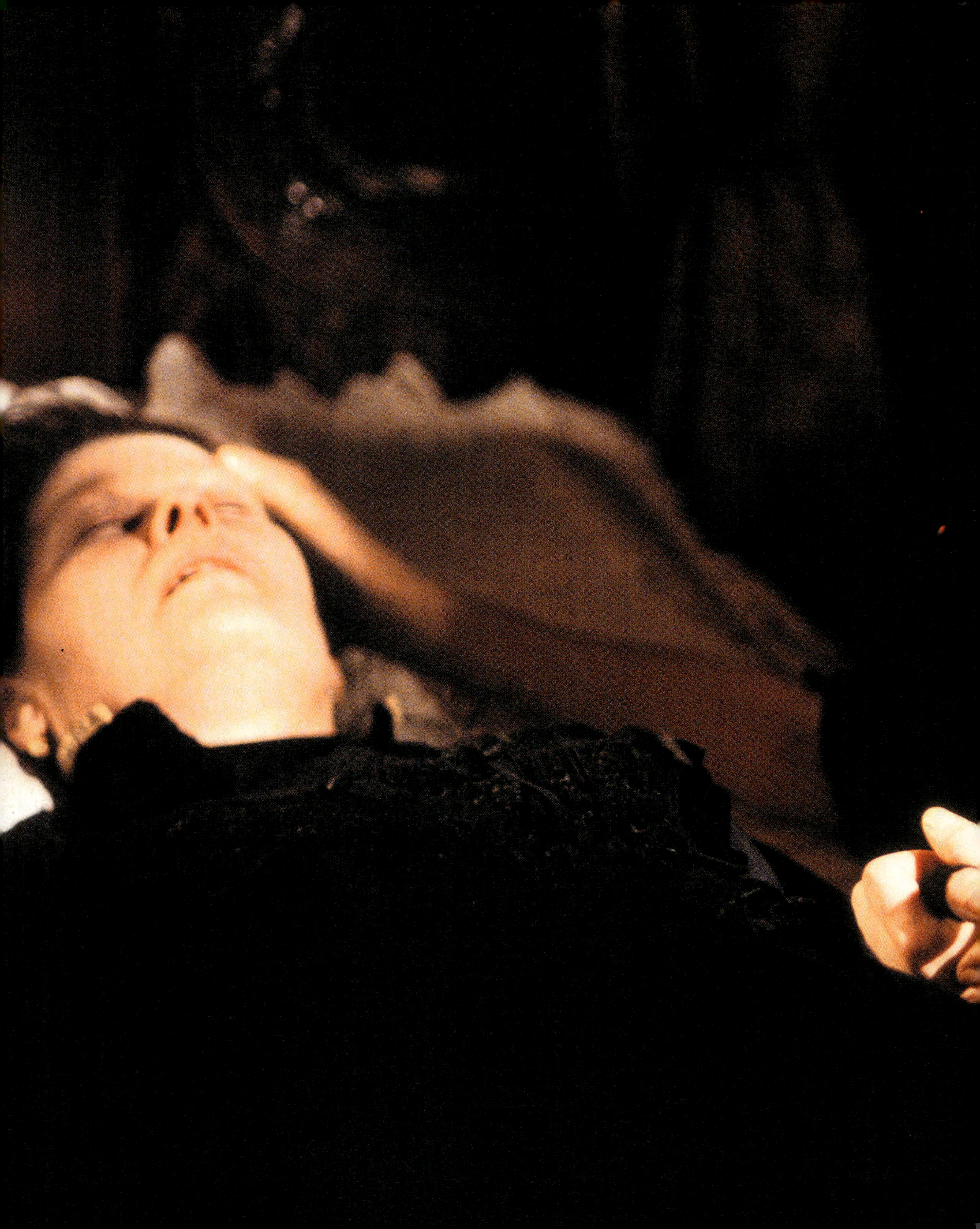

Tournage de *Giorgino*.

Tournage de Giorgino

Cinéaste dans l'âme, Laurent Boutonnat rêve depuis l'enfance de réaliser un long-métrage à la hauteur de ses fantasmes insolites et, en 1992, il rencontre enfin un producteur qui accepte de financer son projet baptisé *Giorgino*.

Écrit en collaboration avec Gilles Laurent, son film met en scène Giorgio Volli. Interprété par le guitariste Jeff Dahlgren, ce jeune médecin militaire, gazé pendant la Première Guerre mondiale, part à la recherche du groupe d'enfants dont il s'occupait avant le conflit. Il débarque dans une région désolée peuplée d'habitants hostiles où il ne trouve qu'un vieil orphelinat vide… les enfants ont disparu dans des conditions mystérieuses. Terrifié, anéanti, il fait alors la rencontre de Catherine Degrâce, une étrange jeune fille dont il s'éprend…

Évidemment, le rôle de cette protagoniste, qui a des difficultés à quitter l'enfance, adopte un comportement proche de l'autisme et finit par se pendre, est confié à Mylène Farmer. Celle-ci, avec un professionnalisme sans faille, assiste aux entretiens d'un psychiatre avec des malades afin de s'imprégner de leurs attitudes, et, pour se concentrer exclusivement sur son rôle, se retire de la scène médiatique pendant un an.

En mai 1993, certaines scènes de *Giorgino* – l'intérieur de l'orphelinat, la forêt, les marais – sont tournées aux Studios Barrandov, qui ont fait la renommée du cinéma tchèque et comptent parmi les plus grands d'Europe, situés au sud de Prague dans le quartier du même nom et créés le 28 novembre 1931 d'après les plans de Max Urban. Leur histoire est liée à la famille Havel ; en effet, Miloš et Václav (grand-père du président homonyme, Václav Havel) fondèrent une société de distribution cinématographique, avant de s'atteler à la construction desdits studios.

Studios Barrandov
Prague
République tchèque

Panorama Hotel

Prague
République tchèque

Au cours du tournage de *Giorgino*, Mylène Farmer trouve chaque soir refuge dans une chambre du Panorama Hotel, un établissement moderne quatre étoiles s'étalant sur vingt-quatre étages, situé au sud de Prague, à deux pas du métro Pankrác, et qui, comme son nom l'indique, offre des vues panoramiques sur la capitale tchèque. Pendant ses rares moments de détente, elle se plaît à flâner dans les rues de la ville et, comme par enchantement, ses errances la ramènent sur les quais où coule la Vltava.

Heures romantiques au café Lávka

Klub Lávka
Prague
République tchèque

À Prague, tandis qu'elle tourne *Giorgino* (1993), Mylène profite de ses moments de pause pour s'installer au café Lávka, blotti sur l'autre rive, au pied du pont Charles.

« J'y passais des heures, au ras de l'eau, à regarder voguer les cygnes et la lumière changer, dit-elle. À mesure que le soir tombait, tout se métamorphosait. Mon café se faisait boîte de nuit, et les abords de la rivière s'embrumaient, se diluaient. C'est le moment où l'on perçoit le mieux la complexité et l'immensité de la ville. On s'attend à voir des fantômes sans tête, on sent que les légendes se mettent à vivre et, en même temps, les gens dans les cafés et les bars à bière se retrouvent et discutent avec une vitalité et une chaleur incroyables[28]. »

Mylène et Laurent, la querelle !

Lui étant impossible de dénicher des paysages désertiques en France, où des fils électriques, des maisons récentes et des panneaux publicitaires se dressent toujours à l'horizon, Laurent Boutonnat décide de tourner certaines séquences de Giorgino à Prague et d'autres dans les plaines de Slovaquie. Ainsi, de janvier à avril 1993, il débarque avec son équipe dans le Parc national des Tatras, le plus ancien du pays, qui regroupe la chaîne des Hautes Tatras, les Belianske Tatras et les Tatras occidentales, et constitue une réserve de biosphère transfrontalière. Là, il fait construire le village de Chanteloup, théâtre de l'action du film, composé d'une auberge, d'une église, d'un cimetière et de la maison de Catherine, campée par Mylène Farmer.

Dès les premiers rushes, l'aspect lugubre du scénario, les rudes conditions météorologiques – moins 20 degrés ! –, l'humeur massacrante du réalisateur obsédé par la réussite de son œuvre génèrent un climat de tension entre les acteurs qui déteint sur Mylène. À bout de nerfs, elle en viendra même à traiter son amant-metteur en scène de véritable machine de guerre !

Il n'empêche que, le 5 octobre 1994, date de sa sortie, elle défendra bec et ongles *Giorgino*, un film injustement assassiné par la critique.

Parc national des Tatras (Tatranský národný park) Slovaquie

Mylène campe
un personnage autiste
dans *Giorgino*.

« Calamity Mylène »

À la fin de l'année 1994, pour oublier l'échec de *Giorgino*, dont elle a pourtant assuré la promotion avec ferveur, Mylène Farmer s'exile à Los Angeles en compagnie de son ami Jeff Dahlgren. Sur les hauteurs de Hollywood, elle se ressource en profitant du soleil, de la piscine et des bienfaits de l'anonymat.
En Californie, elle se plonge dans la lecture de l'ouvrage *Le Livre tibétain de la vie et de la mort* du maître bouddhiste Sogyal Rinpoché, qui aura des répercussions sur l'inspiration de son prochain opus. Si les thèmes de la mort et de la douleur, chers à la chanteuse, y seront présents comme à l'accoutumée, on les trouvera cette fois-ci traités avec plus de distance et de sagesse.
Au printemps 1995, Boutonnat rejoint la chanteuse aux États-Unis pour débuter l'enregistrement d'*Anamorphosée* dont elle nous livre les clés du titre : « L'anamorphose est un phénomène optique qui rassemble les rayonnements épars. Ma perception de la vie s'est élargie. C'était le meilleur moyen de concentrer cette vision[29]. »
N'ayant pas produit d'album original depuis plus de quatre ans – *L'Autre*... (1991) –, Mylène rompt son silence musical en sortant en septembre le single « XXL », qui s'écoulera à plus de 150 000 exemplaires, et dans lequel elle clame : « On a besoin d'amour / Besoin d'une flamme / Et de vague à l'âme / On a besoin d'amour [...] / Besoin d'un amour XXL... »

Après dix ans de collaboration filmographique avec Laurent Boutonnat, l'artiste aimerait qu'on projette sur elle un regard vierge. Elle confie la mise en images de sa chanson à Marcus Nispel. Réalisateur allemand, connu pour son travail avec Elton John et Brian Ferry, celui-ci, à qui l'on a accordé une entière liberté artistique, prend soin de s'immerger dans l'univers Farmer et parvient à entraîner la chanteuse vers des horizons nouveaux.
En août, au cours de trois jours de tournage à Fillmore, au sud de la Californie, sous une chaleur caniculaire, dans une orangeraie plantée d'arbres soigneusement alignés que dominent les montagnes avoisinantes, Nispel met en scène une Mylène à son image.
Dans ce clip en noir et blanc où elle apparaît pour la première fois sous un jour glamour et chante qu'on a tous besoin d'amour, elle est la figure de proue d'une locomotive à vapeur propulsée à vive allure à laquelle elle est attachée. Tandis que, dans le train, des passagers de tous âges, couleurs, classes sociales, sexes semblent conduits vers un destin commun.
« Ce train qui symbolise un ventre, avec tous ces enfants à l'intérieur, et toutes ces vies, je trouve que c'est une très, très belle idée[30] », s'enflamme-t-elle.

Notons que la locomotive et le train[31] utilisés lors du tournage ne sont pas des reconstitutions puisqu'ils furent l'une et l'autre fabriqués en 1906, année de leur mise en service.
Quant à Mylène, qui apprécie les montées d'adrénaline, elle refusa formellement d'être doublée, même pendant les scènes les plus périlleuses. Pour les besoins du clip, elle dut rester accrochée pendant près de quatre heures à une locomotive chauffée par le soleil qui la brûla deux fois, alors qu'un autre train équipé d'une Louma – une grue de prise de vue à laquelle est fixée une caméra – roulait juste devant pour la filmer sous différents angles.

« On a besoin d'amour ! »
Fillmore – Comté de Ventura
Californie – États-Unis

« J'étais câblée devant la locomotive et elle roulait vraiment, se souvient-elle. Lors du dernier plan, qui est le plan large, je me suis retrouvée réellement toute seule en face de cette locomotive, avec des Loumas qui étaient très, très éloignées, et là le train prenait vraiment de la vitesse, et tout à coup on se pose quelques questions[32] ! »
La production ayant établi un contrat d'exclusivité avec M6, le clip de « XXL » est diffusé en avant-première sur cette chaîne le 18 septembre 1995.

ACTUALITÉ

MAIS OÙ NOUS MÈNE MYLÈNE ?

Mylène Farmer a enregistré à Los Angeles « Anamorphosée », son tout nouvel album. C'est en Californie aussi qu'elle a tourné le clip « XXL », que nous vous présentons en exclusivité.

Mylène Framer plonge dans l'ambiance des films noirs. Une réalisation soutenue pour une collectionneuse de succès.

Elle a choisi l'exil. Pour oublier le premier échec de sa carrière – le film « Giorgino », sorti en salles l'an passé, n'a tenu l'affiche que quelques semaines – Mylène Farmer a décidé de s'installer à Los Angeles. Rompue à la loi des paradoxes qu'elle affectionne, la « libertine » préférée des Français a choisi la capitale du cinéma pour prendre ses distances avec... le 7e art. C'est donc du côté de Sunset Boulevard qu'elle a concocté son quatrième album « Anamorphosée » (sortie le 18 octobre). Dès cette semaine, M6 diffuse la vidéo du premier extrait, « XXL ». Tourné à 100 km de Hollywood, ce clip en noir et blanc a été réalisé sous la direction de Marcus Nispel qui a travaillé pour George Michael, Elton John et Janet Jackson.

Daniel BEAUCOURT

Photos Claude Gassian

Amélie Nothomb, son double féminin

Le 22 décembre 1995, Mylène Farmer répond à l'invitation d'Amélie Nothomb qui désire réaliser un entretien croisé avec elle, pour l'édition allemande du magazine *Vogue*. Les deux artistes hors norme font connaissance au Crillon, un palace parisien situé au pied des Champs-Élysées, réputé être le plus ancien et le plus luxueux au monde, aujourd'hui propriété de la famille royale saoudienne.
Durant cette rencontre, l'écrivaine est fascinée par la personnalité de Mylène, cette éternelle adolescente dont l'extrême réserve qui se manifeste à son insu lui semble émaner d'une femme prisonnière d'elle-même.
Pourtant, grand paradoxe, la chanteuse présente à son public l'image d'une femme licencieuse qui ose exhiber sa nudité, sans jamais livrer son âme.
À l'issue de leur soirée au Crillon, les deux complices s'accordent pour adapter à l'écran *Hygiène de l'assassin*, le premier roman d'Amélie, presque entièrement dialogué, où l'écrivaine manie la cruauté, le cynisme et l'ambiguïté, pour raconter l'histoire d'un prix Nobel de littérature que sa maladie fatale et sa misanthropie tiennent à l'écart des journalistes qui pourtant le sollicitent du monde entier... Et ce climat de malaise convient à l'univers de Mylène. Mais, jusqu'à ce jour, Laurent Boutonnat n'a jamais concrétisé ce projet...

Hôtel de Crillon
75008 Paris

Mylène, une belle respectueuse

« California »
Cicada Restaurant
Los Angeles - États-Unis

Le 26 mars 1996, Mylène Farmer sort « California », le troisième extrait de son album *Anamorphosée*, qui sera l'un des titres les plus diffusés de l'année.
Pour le mettre en images, Mylène fait appel à Abel Ferrara, un cinéaste américain de haute stature connu pour ses films *Bad Lieutenant* (1992) et *Snake Eyes* (1993). À l'issue de longues tractations où il demande à Mylène, venue le rencontrer à New York, d'apporter sa contribution à l'écriture du scénario, ce novice en matière de clip donne son accord et obtient un budget estimé à 610 000 euros, une somme colossale !
Ici, Mylène Farmer incarne deux personnages, apparemment opposées, qui, au final, se réunissent à travers un destin sulfureux. Au départ, elle apparaît sous les traits d'une bourgeoise qui tue son double aux allures de prostituée dont elle a croisé le regard, avant de prendre sa place et d'assassiner violemment son souteneur.
Pour camper son double personnage, la chanteuse perfectionniste a tenu à observer de près le quotidien de péripatéticiennes qui lui ont confié qu'elles prenaient un réel plaisir à exercer leur métier. « J'ai toujours eu envie de jouer, d'interpréter une prostituée, confie-t-elle. Et j'avoue que sur "California", c'est venu spontanément. Et donc, j'ai fait appel à Abel Ferrara qui, lui, évoque souvent la prostitution dans ses longs-métrages[33]. »

Du 9 au 11 février 1996, le tournage a lieu sur Sunset Boulevard, cette célèbre artère de Los Angeles qui s'étend sur 39 kilomètres, où sont filmées de vraies prostituées, et au Cicada Restaurant, un établissement où l'on déguste une cuisine sophistiquée, mi-italienne, mi californienne, et dont le décor est une association subtile d'Art déco des années 1920, temps béni du cinéma américain, et de design moderne à l'européenne.

Là, Mylène donne la réplique à Giancarlo Esposito (acteur dans *Malcolm X*, *Smoke*, et la série *NYPD*) qui tient à la fois le rôle de son mari et du proxénète. Entre deux prises, l'actrice est en proie à des fous rires irrépressibles quand elle voit son partenaire ramasser sa perruque qu'il parvient avec difficulté à maintenir sur son crâne.
Quoi qu'il en soit, sa présence dans un court-métrage labellisé Abel Ferrara vaudra à Mylène Farmer d'être comparée pour la première fois à Madonna, qui figure justement au générique du film *Snake Eyes*.

Double pas suivante :
Dans le clip de « California » (1996), Mylène apparaît tantôt en tantôt bourgeoise, tantôt en prostituée.

Coquillages et crustacés

Comme un îlot posé sur l'étendue de sable située à l'est de Toulon, Le Lido est un restaurant de bord de mer construit sur la plus belle anse des plages du Mourillon, entourée de jardins paysagers, où, dans un décor maritime, on propose un menu méditerranéen.

Là, le 25 mai 1996, après avoir donné le coup d'envoi de sa nouvelle tournée qui fera halte à Bercy les 31 mai et 1er juin suivants, Mylène Farmer vient dîner avec son équipe au grand complet.

Au cours du repas, animée par un obsédant sentiment d'empathie, la chanteuse ne cesse d'observer l'aquarium du restaurant où baignent deux tourteaux et quatre étrilles qui doivent finir dans des estomacs. Ne pouvant plus apaiser sa détresse, elle supplie le patron du restaurant de délivrer les animaux. D'abord interloqué par cette requête tant intrigante qu'inhabituelle, celui-ci finit par céder aux exigences de la star, à qui l'on ne peut rien refuser, et qui revient à la charge en ces termes : « Pour moi, c'est un symbole ! »

Et c'est ainsi que, sous l'œil d'une diva heureuse et triomphante, débute une scène de comédie. Suivis de quelques curieux et admirateurs de passage, les musiciens, techniciens et danseurs se dirigent vers la mer pour y relâcher les six prisonniers du vivier...

Le Lido
Plage du Mourillon
83000 Toulon

Mylène Farmer en pince pour les tourteaux

Mylène Farmer avait présenté, vendredi soir, son méga-show au Zenith-Omega de Toulon devant plus de 5.000 spectateurs enthousiastes.

Ce triomphe avait rendu toute la troupe euphorique et l'ambiance était des plus joyeuses pour le dîner d'après spectacle qui réunissait, au restaurant « le Lido » sur la plage du Mourillon, une cinquantaine de personnes autour de la star aux cheveux roux et aux mèches raides dans le plus pur style punk.

Mais, vers quatre heures du matin, alors qu'on en était toujours au champagne le regard de la star s'est voilé. Elle venait de découvrir, l'air tout triste dans le vivier de l'établissement, deux magnifiques tourteaux et quelques crabes.

Un spectacle qui lui a déchiré le cœur.

Elle s'est alors dirigée vers Jean-Claude et Bert, les restaurateurs, et leur a gentiment demandé s'ils pouvaient libérer les crustacés. *« Pour moi,* a-t-elle dit, *c'est un symbole ! »*

Séduits par la grâce de l'interprète de « Je laisse le vent » les deux amis ne pouvaient qu'acquiescer. Et l'on a vu Mylène, suivie par ses musiciens, ses choristes, ses danseurs, ses électriciens, ses régisseurs, et les quelques dizaines de fans qui l'attendaient sur la plage se diriger vers la mer avec tout le contenu du vivier qui a été déposé le plus au large possible. Mylène Farmer, heureuse comme un enfant, a pu enfin aller prendre un peu de repos et, bonne nouvelle, le lendemain aucun plongeur sous-marin n'a signalé la présence de tourteaux dans l'anse du Mourillon, où aucun gamin ne s'est fait pincer.

Au court-bouillon qui leur était destiné les crustacés avaient, et de loin, préféré le grand plongeon.

J.-P. M.

(Photo N.M.)

Une chute spectaculaire !

Halle Tony-Garnier
69007 Lyon

Le 15 juin 1996, lors de son « Tour 96 », Mylène Farmer se produit à Lyon, dans la Halle Tony-Garnier, une salle située dans le quartier de Gerland dont la capacité de 17 000 places concurrence celle du Palais omnisport de Bercy.

Lors du troisième rappel, tandis qu'elle interprète « XXL », tout en dansant avec ferveur, la voici qui chute de plusieurs mètres de haut.

Mylène Farmer est transportée d'urgence au centre hospitalier Édouard-Herriot, également nommé Grange-Blanche, le plus grand hôpital de la région Rhône-Alpes.

Il y aura finalement plus de peur que de mal car cet accident n'a occasionné qu'une double fracture du poignet, mais elle doit subir une longue convalescence qui, à son grand dam, l'oblige à interrompre sa tournée.

Mylène ne manque pourtant pas d'humour. La preuve en est que, en août 1996, elle choisit d'extraire de son album *Anamorphosée* le single « Comme j'ai mal ». Et en octobre, alors qu'elle participe à l'émission « Tip Top » animée par Éric Jean-Jean, elle évoque en ces termes la reprise de son spectacle : « Je vais éviter de tomber à nouveau ! »

Hôpital Édouard-Herriot
69003 Lyon

Un poignet brisé met fin à sa tournée

■ De l'«anamorphose» aux ecchymoses… Mylène Farmer a dû annuler sa tournée française après une chute lors de son concert lyonnais, dans la halle Tony-Garnier. Devant 9 000 personnes sans doute en délire, la rousse chanteuse est tombée de la scène vers 23 h 30, alors que son récital se terminait. Hospitalisée d'urgence, elle souffrait d'«une fracture ouverte du poignet et de diverses ecchymoses». Des blessures qui l'ont contrainte à arrêter son tour de France triomphal, débuté à Toulon le 25 mai dernier et qui devait s'achever à Bruxelles le 29 juin, après un passage à Paris-Bercy, le 28 juin. Mylène pourra trouver du réconfort dans les courbes de ventes de son dernier album, «Anamorphosée», sorti le 17 octobre dernier. Il a atteint quelque 500 000 exemplaires vendus et le dernier titre extrait, «California», frise les 100 000. Le nouveau single devrait être disponible dans les [illegible]. Il s'intitule «Comme j'ai mal»…

TELEXTELEXTELEXTETELEXTEL

Côté carrière, **Mylène Farmer** annonce un nouveau single extrait de *"Anamorphosée"*: ce sera *Comme J'Ai Mal* (un rapport avec sa chute sur scène?), dont le clip a été tourné en mai aux studios de Boulogne en compagnie de 2 panthères noires! Côté "femme", Mylène est prête à franchir un nouveau cap: *"C'est vrai que la prolongation de moi m'est devenue tolérable. Aujourd'hui, effectivement, je crois que j'aimerais avoir un enfant"*. Bravo!

The show must go on !

Michel et Mylène se donnent rendez-vous Sunset Marquis Hotel West Hollywood – États-Unis

Mylène et Michel Polnareff : Je t'aime moi non plus !

À l'automne 1996, Mylène Farmer s'installe au Studio Méga pour enregistrer avec Khaled une version à deux voix de « La Poupée qui fait non » de Michel Polnareff. Sur la scène de Bercy, où elle est programmée en novembre, le chanteur algérien la rejoindra pour entonner avec elle ce duo détonant qui créera certes l'événement mais ne connaîtra pas le succès commercial escompté, excepté en Belgique.

Précisons que Mylène apprécie le répertoire de Polnareff et éprouve une affection particulière pour « La Poupée qui fait non », la première chanson qu'elle ait apprise.

D'ailleurs, poussés par Paul-René Albertini, le producteur de « l'amiral », les deux chanteurs ont envisagé de partager une aventure musicale.

Leur première rencontre a eu lieu en Californie, avec laquelle Mylène a tissé une véritable histoire d'amour et où elle s'envole chaque fois que sa vie chavire, et plus précisément au Sunset Marquis. Considéré comme l'hôtel « rock'n'roll » de Los Angeles, situé à West Hollywood et conçu selon une architecture méditerranéenne, influencée par les villas de France ou d'Italie, il est le repaire des stars de la pop pour lesquels on a aménagé un studio d'enregistrement.

Dans le bar du palace quatre étoiles, où Robbie Williams, les U2 et les Rolling Stones viennent fréquemment siroter un whisky, Mylène et Michel improvisent une séance de travail dont il ne reste que l'ébauche d'un refrain : « Vilaine Mylène / Gentille Camille / Mets ça Vanessa. »

Si cette tentative artistique s'est avérée peu fructueuse, Mylène Farmer songe encore à s'associer avec Polnareff. « Je suis ravi de l'apprendre parce que c'est quelqu'un que j'aime beaucoup, s'enflamme le chanteur. On devait travailler ensemble il y a quelques années. Ça n'avait pas collé pour des raisons d'agenda. On s'est vus souvent à Los Angeles. J'aime beaucoup sa façon de se retirer et de revenir[34]. »

Et quand on lui demande aujourd'hui s'il est prêt à renouveler l'expérience, le créateur de « On ira tous au paradis » répond : « Pourquoi pas ? »

La mort tragique de son frère

Le 26 octobre 1996, alors qu'il quitte son domicile de Saint-Cloud pour se rendre chez des amis, Jean-Loup Gautier, le frère de Mylène, est heurté de plein fouet par un automobiliste. Transporté d'urgence à l'hôpital Foch de Suresnes, il meurt à l'âge de trente-six ans, laissant sa sœur au bord de l'abîme.
Le jeudi suivant, ses obsèques ont lieu à l'église de Garches. Élevée l'année même de la canonisation de Louis IX (1297), elle est la première qui ait été placée sous le vocable de Saint-Louis, ainsi qu'en fait foi l'inscription en caractères gothiques encastrée dans sa muraille de gauche. En ce jour de deuil, la chanteuse apparaît pétrifiée de chagrin.

Église Saint-Louis
92380 Garches

Mylène Farmer, les cinq jours de Pékin…

« L'Âme-Stram-Gram », un clip inspiré d'une légende chinoise

Pékin – Chine

À l'automne 1998, Mylène Farmer a enregistré à Los Angeles son cinquième album studio, *Innamoramento*, qui sera commercialisé le 7 avril 1999.
Pour marquer l'événement, la chanteuse choisit de sortir en single « L'Âme-Stram-Gram », un titre empreint d'une rythmique techno dont le texte est truffé de ces jeux de mots licencieux qui sont sa marque de fabrique : « J'ouïs tout ce que tu confesses / Et l'essaim scande l'ivresse / J'ouïs tous ceux que tu condamnes / T'éreintent, te font du charme[35]… »

Afin de le mettre en images, Mylène fait appel à Ching Siu-tung, un acteur et réalisateur hongkongais, féru d'arts martiaux, connu pour son film en trois épisodes, *Histoire de fantômes chinois*.
Du 15 au 19 février 1999, après avoir élaboré le clip à partir d'un scénario inspiré d'une légende chinoise, à Paris et Hong Kong, Ching et Mylène se rejoignent à Pékin où ils travaillent avec ardeur à leur œuvre commune. Une œuvre dont le budget, qui est estimé à 900 000 euros, est le plus élevé de la carrière de notre artiste.

Interviewé en plein travail dans une salle de montage, le cinéaste ne cache pas sa joie et son honneur d'avoir été élu par la belle : « C'est la première fois que les Français viennent tourner en Chine et c'est la première fois que des Chinois tournent un clip pour la France, confie-t-il. Il y avait ici tous les décors nécessaires, et comme nous avions besoin de beaucoup de figurants, c'est la Chine qui convenait le mieux. […] J'ai été très heureux qu'elle ait cru en moi car c'est notre premier clip. Elle est très célèbre en France et elle a choisi un réalisateur chinois[36] ! »

患難中為友義重君臣
肝膽上做人恩如兄弟

Mylène à Pékin sur le tournage
du clip « L'Âme-Stram-Gram ».

Dans un no man's land de la banlieue de Pékin, un minuscule pan de la Grande Muraille de Chine a été reconstitué. Là, Mylène Farmer et Valérie Bony, toutes deux vêtues d'une robe à voiles, violette pour la première et grise pour la seconde, campent deux sœurs jumelles liées de façon fusionnelle. Dans un climat homo-érotique, elles s'amusent en toute innocence, jusqu'à l'arrivée d'une meute de cavaliers qui les séparent violemment. L'une est retenue dans une salle de torture où sa jumelle tente de la rejoindre pour la libérer du joug des barbares, mais en vain : elle rend l'âme sur les escaliers menant à la prison. C'est finalement son fantôme qui saura la délivrer avant de gagner le ciel. Libre mais esseulée, la rescapée se jette du haut de la Grande Muraille. Ainsi seront-elles définitivement unies dans la mort.

Ce clip présente des thèmes farmeriens par excellence, ceux du double opposé, de l'osmose parfaite entre deux êtres, porteuse de forces et de pouvoirs qui s'évanouissent soudain au moment de la séparation[37]. Ils sont ici magnifiés grâce au talent du réalisateur qui met en scène des chevaliers aux puissances surnaturelles, dont les combats s'apparentent à des chorégraphies, et utilise de nombreux effets spéciaux.

Sur le tournage, Mylène Farmer, qui s'est pliée sans difficulté aux exigences de l'assistante du cinéaste, lui suggérant d'adopter au cours d'une scène une expression « plus souriante et heureuse », ou de poser, au cours d'une autre non pas de face mais de profil, s'est montrée à la fois disciplinée et professionnelle et n'a en aucun cas fait de caprices de star.
Autant de qualités que Ching Siu-tung a pu apprécier à leur juste valeur : « J'ai été surpris car d'habitude les artistes ne s'impliquent pas autant dans la production d'un clip, raconte-t-il. Elle m'a demandé de lui présenter beaucoup d'éléments avant le tournage, pour ensuite s'isoler, y réfléchir, et intégrer toutes les informations. J'ai senti qu'elle était très professionnelle, durant les préparations et tout le tournage, elle reste très concentrée. Elle est toujours à l'écoute, elle respecte le point de vue du réalisateur, car, dès qu'elle fait confiance, elle se laisse diriger[38]. »
Le clip de « L'Âme-Stram-Gram » sera diffusé en exclusivité sur M6 le 27 mars 1999, dans l'émission « Plus vite que la musique ».

Un clip « sang-suré »

Le 7 avril 1999, Mylène Farmer sort son cinquième album studio qu'elle a baptisé *Innamoramento*, en allusion au sociologue et psychanalyste italien Francesco Alberoni, auteur d'*Innamoramento e amore* (*Le Choc amoureux*, 1981), un ouvrage qui dresse un parallèle entre les mouvements sociaux et le coup de foudre. « Qu'est-ce que tomber amoureux ? C'est l'état naissant d'un mouvement collectif à deux[39]. »

Après « L'Âme-Stram-Gram », paraît le 8 juin « Je te rends mon amour », le deuxième single extrait de cet opus de légende qui baigne dans un climat mystique. La mélodie de Laurent Boutonnat a inspiré à Mylène un texte imprégné de sa passion pour la peinture, et plus particulièrement pour celle d'Egon Schiele, un artiste autrichien expressionniste, obsédé par les thèmes de la sexualité et de la mort, dont elle cite l'œuvre *La Femme nue debout* dans sa chanson. « J'aime passionnément la peinture d'Egon Schiele. J'aurais pu être son modèle. Lorsque je me regarde dans un miroir, j'ai l'impression d'être une de ses rousses écorchées. Il a tout compris, jusque dans la manière de signer ses toiles. Il y a sans cesse en lui un mélange de vie et de mort, comme s'il avait été conscient qu'il disparaîtrait à vingt-huit ans[40] ».

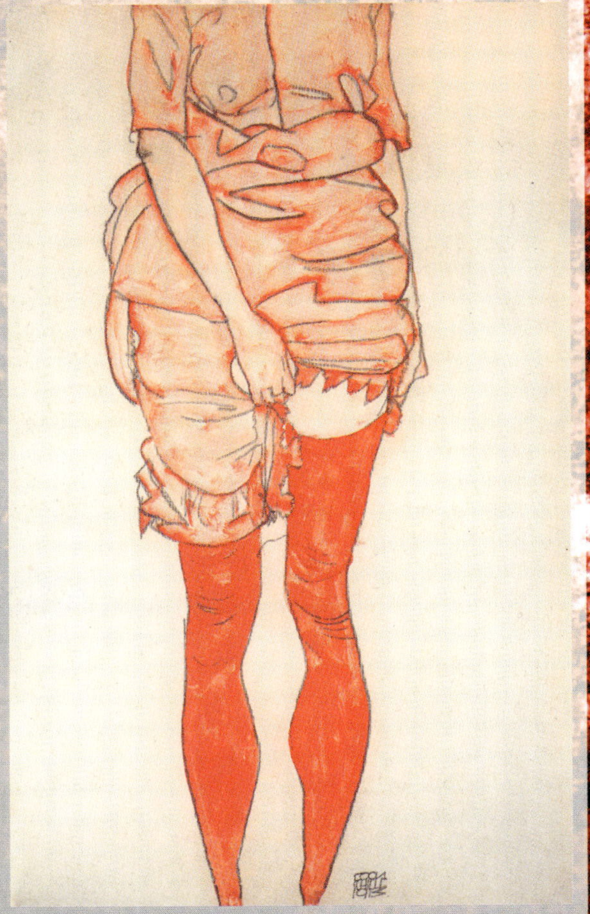

D'ailleurs, elle utilisera la signature de Schiele en guise de logo sur la pochette des supports discographiques du single « Je te rends ton amour ».

Pour le mettre en images, au cours de la première semaine de juin, François Hanss – l'ex-assistant de Boutonnat – et son équipe prennent possession pendant deux jours de l'abbaye Notre-Dame du Val, la plus ancienne des fondations cisterciennes d'Île-de-France, antérieure de plus d'un siècle aux abbayes bien connues de Royaumont et de Maubuisson. Ses origines remontent à 1125, lorsqu'un groupe de moines cisterciens venus de l'abbaye de la Cour-Dieu en forêt d'Orléans s'installèrent près d'une source, non loin des villages de Mériel et L'Isle-Adam. Au XIIIe siècle, la générosité des seigneurs de la région permit aux religieux d'agrandir leur monastère.

Située dans le Val-d'Oise, au fond d'un vallon boisé baigné de ruisseaux et d'étangs, Notre-Dame du Val, qui compte encore de beaux vestiges, dont le bâtiment des moines et deux celliers souterrains, se dresse, majestueuse et mystérieuse, à l'instar de Mylène.
Là, vêtue d'une robe pourpre et interprétant une jeune femme aveugle, elle se promène dans la forêt et pénètre dans l'abbaye, puis dans le confessionnal où elle parcourt une Bible en braille, non pas face à un prêtre, mais au diable en personne ! Tandis que du sang s'écoule de son poignet, la créature démoniaque la saisit par la nuque et la prend entre ses griffes, dont, malgré ses efforts, elle ne parvient pas à s'extirper. Alors, dans le fracas des statues d'ange et des prie-Dieu qui tombent à terre et se brisent, elle apparaît parfaitement dénudée, baignant dans des flots de sang dont le diable la macule avant de la crucifier.
Notons que le tournage s'est déroulé peu de temps avant une série de travaux de rénovation des lieux, c'est pourquoi l'endroit, dont certains détails architecturaux ont été modifiés par la suite, apparaît à l'écran en friche et abandonné. En outre, les gérants de l'abbaye n'ont pas conservé un agréable souvenir du passage de l'équipe dans leur refuge sacré. En effet, pour filmer l'une des scènes initiales où Mylène sort du cellier, il fallut démonter une porte que l'on n'a pas pris soin de remettre en place au moment du bouclage du clip. De la même façon, la salle du rez-de-chaussée de l'abbaye où la chanteuse s'allonge dans une mare de « sang » n'a pas été correctement nettoyée par les membres de la production.

Ce clip comportant de nombreuses scènes de nu et de sang au service d'un scénario symbolique de défloration, qui se produit dans un fleuve d'hémoglobine, atteint des sommets provocateurs jugés blasphématoires.

Si bien que le CSA émet un avis défavorable, laissant tout de même aux différentes chaînes l'entière responsabilité de le diffuser ou pas. Après avoir consulté un comité de mères de famille, M6 choisit de couper ses 2 minutes finales et de ne le programmer en entier que tard dans la nuit.
Froissée par l'amputation de son œuvre artistique, Mylène Farmer, qui a consulté les équipes de Polydor et de Stuffed Monkey, sa maison de production filmographique, décide de riposter à sa manière. Elle fait commercialiser dans les kiosques la cassette VHS où figure l'objet du délit dans son intégralité, ainsi qu'un livret de photos du tournage signées Claude Gassian, en usant de cette accroche publicitaire : « Le clip censuré ».
Grâce à cette campagne de marketing fort efficace, la vidéo s'écoule rapidement à 70 000 exemplaires ! Mais l'honneur de la chanteuse est sauf car, ayant pris soin de reverser les bénéfices des ventes à l'association Sidaction, elle n'a pas cherché à prendre sa revanche à des fins mercantiles.

« Je te rends ton amour »
ou quand le diable s'en mêle...
Abbaye Notre-Dame du Val
95630 Mériel

La campagne de Russie

Débutant à Marseille, le 21 septembre 1999, puis se poursuivant sur la scène de Bercy, les 24, 25, 26 et 29 du même mois, le « Mylenium Tour », qui fait suite à l'album *Innamoramento*, obtient un succès si colossal que l'on doit jouer les prolongations en France et à l'étranger.

Il faut dire que, pour l'élaborer, Mylène Farmer s'est entourée de personnes qui excellent chacune dans son domaine. Yvan Cassar, que Claude Nougaro surnommait « le Vivaldi de mes quatre saisons », est à la direction d'orchestre, Guy-Claude François, chef décorateur pour le cinéma et scénographe à l'Opéra de Paris, a imaginé un décor à la fois spectaculaire et sophistiqué. Quant à la célèbre costumière Dominique Borg, elle a conçu pour Mylène pas moins de six tenues différentes, toutes somptueuses.

En mars 2000, la chanteuse, populaire dans les pays de l'Est, décide de faire sa campagne de Russie. Là, pour le plus grand bonheur de Jean-Rémy Gaudin-Bridet, le fondateur du Mylène Farmer International Fan Club, elle retrouve une centaine d'admirateurs de la première heure qui sauront l'entourer de leur chaleur fervente dans un pays où le public est réputé pour sa réserve.

Les 4 et 5 mars, elle se produit donc à l'Olimpiisky Indoor Arena, une prestigieuse salle moscovite, fondée en 1980 à l'occasion des jeux Olympiques d'été, qui, avec sa capacité de 80 000 personnes, demeure le plus grand complexe européen, même si, les soirs de concert, on a coutume de n'utiliser que le quart de sa surface.

En ce soir de première à l'Olimpiisky, Mylène fait une entrée spectaculaire en sortant de la tête d'une statue de 9 mètres de haut, représentant Isis, la divinité égyptienne, avant de s'élever dans les airs pour se poser sur le sol et chanter « L'Amour naissant » sous un ciel d'orage. Accroupie et entourée d'une petite dizaine de danseurs, elle enchaîne avec « L'Âme-Stram-Gram » qui, à son heureux étonnement, provoque la clameur des 4 000 spectateurs.

Elle sait certes que le public local est sensible à son univers, illustré de clips puisés dans l'imagerie slave, mais il est encadré par l'armée russe.

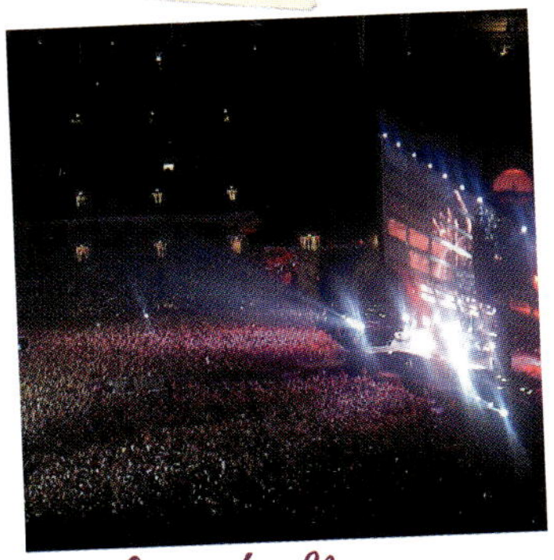

Concert à Moscou, Saint-Petersbourg... Olimpiisky Indoor Arena Moscou – Russie

« En principe, ils n'ont pas le droit de se lever pendant un concert, mais ils l'ont quand même fait pour manifester leur joie en s'approchant même très près de la scène, ce qui fut un des moments assez forts[41] », s'enflamme-t-elle.
Face à tant d'émotion distillée, la chanteuse décidera de revenir investir l'Olimpiisky le 1er juillet 2009, puis le 1er novembre 2013.
En attendant, elle assure la « troisième partie » de son spectacle dans une boîte branchée de la ville où, toujours recouverte de son masque de star, elle se trémousse au rythme de « Desert Rose » de son futur complice, Sting. Lâchant prise peu à peu, elle se laisse dévorer par ses fans faméliques, avec qui elle sympathise, jusqu'à ce qu'un garde du corps l'arrache des bras de l'un d'entre eux, tandis qu'elle éclate de rire.
La divinité païenne, entraînée un moment dans un tourbillon euphorique, a recouvré ses esprits et a brutalement rétabli la frontière qui la sépare de ses fidèles.

Le 8 mars, Mylène Farmer chante à Saint-Pétersbourg, au SKK, un complexe sportif et scénique situé au 8, avenue Youri-Gagarine, où elle obtient un tel succès qu'elle peut rentrer triomphante de sa campagne de Russie.
Ce voyage suscite en elle une passion pour Saint-Pétersbourg où coule la Neva, ce fleuve qui prend sa source au lac Ladoga et se jette dans la mer Baltique. Le temps d'une promenade le long des canaux gelés, la rêveuse semble apercevoir dans les brumes bleutées de l'hiver le fantôme de la tsarine Catherine II, morte là le 17 novembre 1796, après avoir régné sur la Russie pendant près de trente ans.

Le pays des perroquets noirs
Château de Feuilles

Praslin, ou « l'île du perroquet noir », qui fourmille d'oiseaux rares, se trouve à 36 kilomètres au nord-est de Mahé, la principale île de l'archipel des Seychelles. Caractérisée par son relief montagneux, qui culmine à 367 mètres, elle abrite la vallée de Mai, un exotique havre de verdure comptant plus de 7 000 cocotiers de mer, appelés localement « coco fesses », en raison de la forme des noix qu'ils produisent. Sur la côte nord-ouest de l'île, se situe l'anse Lazio où s'étendent des plages de sable fin, semées d'arbres tropicaux et bordées de gros rochers, que lèche l'eau turquoise de l'océan Indien. Là, en décembre 1999, à la fin de la deuxième partie de son « Mylenium Tour », notre chanteuse se ressource en compagnie de Valérie Bony. Toutes deux logent au Château de Feuilles, un hôtel intimiste qui offre des vues panoramiques sur l'ensemble des îles des Seychelles. En contrebas de l'établissement apparaît la plage Marie-Louise, où les deux artistes gémellaires baignent chaque matin leurs corps de sirènes dans l'eau chaude aux reflets saphir.

Quand le soir descend, Mylène gagne sa chambre dont le décor, formé de bois précieux, de feuilles de latanier, de verre, de lin, est à l'image des paysages de l'île. Conquise par ses charmes romantiques, la chanteuse reviendra souvent sur les rivages de l'océan Indien.

Baie Sainte-Anne
Praslin
Seychelles

Lieux de vacances
North Island
Seychelles

En janvier 2006, à l'issue de concerts triomphaux sur la scène de Bercy, qui ont attiré plus de 170 000 spectateurs en extase, Mylène Farmer part aux Seychelles jusqu'au 12 février.

Cette fois-ci, elle a choisi de s'établir à North Island, une île doublée d'un complexe hôtelier fort sélect s'étendant sur 210 hectares qui se situe à 30 kilomètres au nord-ouest de l'île de Mahé, soit à une quinzaine de minutes en hélicoptère.

Là, elle loge dans une villa privée et luxueuse où elle a pour voisine une romancière du nom de J. K. Rowling, la créatrice d'Harry Potter !

Son refuge Corse

Au sud de la Corse, dans la région du Freto qui occupe l'extrémité méridionale de l'île, se trouve le village de Pianottoli-Caldarello, réputé pour son port de plaisance. Situé en territoire côtier, il est bordé de petites criques intimes aux rochers sculptés par le vent, de plages de sable fin, dont Arbitro, Chevanu et Saint-Jean, où des fouilles archéologiques livrent la trace d'un baptistère paléochrétien, surplombé de montagnes mystérieuses... Dans ce cadre poétique, auquel on accède par l'aéroport de Figari, distant d'une dizaine de kilomètres, se dresse sur le chemin de Cervi, qui serpente au bord de la grande bleue, la maison de Mylène Farmer. Luxueuse, imposante et reconnaissable entre toutes grâce à ses toits japonisants, elle est exposée face au coucher du soleil et domine la baie de Kévano.Depuis 2003 où elle l'a acquise, la chanteuse s'octroie des moments de silence nécessaires à sa vie de femme des lumières dans son antre corse qui dispose de sa crique privée. Là-bas, débarrassée de son masque de star, elle redevient « l'autre », c'est-à-dire une petite femme menue, sans maquillage, parfaitement méconnaissable. Cet endroit secret est donc sacré pour celle qui a tissé sa légende dans l'ombre de ses absences.

« La Corse est mon refuge, explique-t-elle. Le jour venu, la tentation pourrait être la Toscane. M'apaiser devant des collines d'oliviers et de vignes[42]... »

Sur l'île de Beauté, où elle vient parfois accompagnée de sa sœur Brigitte, qui participe à l'occasion à ses créations, Mylène n'en n'oublie pas son métier pour autant.

En 2010, elle choisit de poser face à l'objectif de Nathalie Delépine sur la plage de Saint-Jean, flanquée de sa fameuse tour génoise, pour réaliser les clichés du livret de son opus *Bleu noir*.

Et puis, c'est aussi sur son territoire insulaire qu'elle a « flashé » sur celle dont elle n'avait pas encore conscience qu'elle deviendrait l'une de ses amies intimes. « Je pense à notre rencontre quelque part en Corse, après nous être croisées, sans nous approcher, nous regardant de loin, comme si chacune pensait que le moment n'était pas venu, qu'il fallait l'attendre », se souvient Nathalie Rheims. Fortes de leur complicité naissante, les deux artistes décident d'unir leurs talents à l'occasion de l'adaptation cinématographique par Luc Besson du roman *L'Ombre des autres* de la célèbre écrivaine où Mylène Farmer doit endosser le rôle principal. Annoncé officiellement, ce projet ne verra jamais le jour...

Ses soirées corses, Mylène a coutume de les passer entre amis au Stella D'Oro ou Chez Jules, un restaurant à 35 kilomètres de son village, et plus précisément au 7, rue Doria, dans le quartier médiéval de Bonifacio, près de l'église Saint-Jean-Baptiste, où, dans un décor rustique constitué d'un vieux pressoir à huile, elle se régale d'aubergines, de pâtes fraîches au four, de raviolis au brocciu ou de chapon concoctés dans la pure tradition.

Chemin de Cervi
Pianottoli-Caldarello
Corse

Un endroit pour vivre
Villa Montmorency
75016 Paris

La cite interdite

Située sur une butte du 16e arrondissement, la Villa Montmorency fut achetée en 1852 à la famille du même nom par la Compagnie du chemin de fer de Paris qui devait y bâtir la gare d'Auteuil.

Construite en 1860, d'après les plans de Théodore Charpentier qui s'inspira du style architectural des maisons balnéaires de Deauville ou Arcachon, la villa telle qu'on la connaît aujourd'hui est constituée d'une cinquantaine de demeures séparées par des allées menant à une place centrale où coule une fontaine.

Cet espace privé, surveillé par un gardien qui en contrôle l'accès avec vigilance, est régi selon des règles solidement établies : nul employé de maison n'a le droit d'y pénétrer avec un véhicule, les villas ne peuvent être divisées en plusieurs locations, doivent se limiter à 9 mètres de hauteur et être dotées de façades en harmonie avec l'ensemble de la construction.

La Villa Montmorency est un endroit « habité ». Par le passé, Victor Hugo s'y installa pendant trois mois, André Gide y fit construire un « chalet moderniste » où il recevait Guillaume Apollinaire... Aujourd'hui, comptant 120 maisons de maître et pulvérisant les records du prix de l'immobilier, elle abrite le gratin du gotha.

Cette « Gate Community » à l'américaine abrite notamment Alain Afflelou, Arnaud Lagardère, Sylvie Vartan et... Mylène Farmer.

Au cours de ses séjours parisiens, la chanteuse mystérieuse se blottit dans son antre de la rue Poussin où, cerclée de mille cerbères, elle vit dans le luxe, le calme et l'intimité.

Là, s'agglutinent quotidiennement une nuée de fans qui espèrent apercevoir sa crinière rousse. À force de visiter les lieux, les plus avisés d'entre eux sont parvenus à gagner la sympathie du gardien qui leur indique l'heure à laquelle surgira l'automobile de la star.

Alors que le véhicule aux vitres teintées s'approche de la sortie de la villa, le cœur palpitant, un admirateur assidu adresse un signe complice au chauffeur qui stoppe la voiture. Telle une apparition spectrale, la silhouette de Mylène, vêtue d'une veste, d'un short et de collants en résilles noirs, et coiffée d'une pince dans les cheveux, ouvre la portière et reçoit le bouquet de roses automnales glanées à son attention, avant d'embrasser l'heureux élu et de repartir vers son Ailleurs baudelairien...

Moment de sérénité pour la star.

Mylène et Moby

À New York, où elle se plaît à séjourner pour se lover dans la chaleur de l'anonymat, Mylène Farmer fréquente assidûment le Teany, un restaurant végétalien situé dans le Lower East Side de Manhattan, entre le fameux pont et la 14e Rue.

Ce lieu branché et bobo, réputé pour ses trente variétés de thé, son assortiment de pâtisseries, et idéal pour commencer la journée en se régalant d'un brunch arrosé de champagne, fut fondé en 2002 par Moby qui l'aménagea à son image.

Artiste new-yorkais multi-instrumentiste – il chante, joue de la guitare, des claviers, de la basse et des percussions –, spécialisé dans la musique électronique qu'il teinte de techno, de blues ou de rock, Moby connaît la consécration mondiale en 1999, grâce à l'album *Play* qui s'écoule à plus de 9 millions d'exemplaires.

En 2006, la familière du Teany se décide à aborder le propriétaire des lieux qui apprécie sa gentillesse, son humour et son charme discret. Ainsi se noue entre eux une amitié scellée par leur passion commune pour la musique de David Lynch et le talent de Frances Farmer.

Le café de Moby
Teany Cafe
New York - États-Unis

« Un jour j'arrive à Paris et je vois sa tête sur un poster, confie le musicien. Je me dis : "Mais c'est cette femme qui vient dans mon café !" Et cet ami avec qui j'étais me dit : "Mais sais-tu que c'est Mylène Farmer, sais-tu que c'est une des plus grandes artistes françaises ?" Je n'en avais aucune idée ! Pour moi, c'était juste cette gentille femme qui venait dans mon café, avec qui je m'asseyais[43]. »

Forts d'une complicité née à l'écart des sunlights de la notoriété, les deux artistes décident alors d'entamer une collaboration.

En cette année 2006, à l'occasion de la sortie de *The Very Best of Moby*, le musicien lui propose de reprendre avec lui « Slipping Away », l'une de ses chansons de prédilection figurant à l'origine sur son album *Hotel* (2005). Le 25 septembre sort donc un CD single, où leurs deux voix se mêlent le temps d'un duo de légende.

Deux ans plus tard, Mylène le convie à son tour à participer à son album *Point de suture* où ils s'adonnent à un délicieux dialogue musical franco-anglais sur la chanson « Looking for My Name ».

Suite à ces échanges fructueux, Moby lui fait parvenir une série de compositions originales qu'elle est libre d'utiliser comme cela lui chante.

Le 6 décembre 2010, Mylène Farmer fait exception à sa règle artistique en proposant au public l'opus *Bleu noir*, auquel Laurent Boutonnat n'a pas collaboré. Red One, le groupe Archive l'ont remplacé, ainsi que Moby qui en a produit et composé sept pistes : « Moi je veux... », « Bleu noir », « N'aie plus d'amertume », « Toi l'amour », « M'effondre » et « Inséparables ».

Dès sa parution, cet album symbolique de son émancipation artistique bat le record de la plus forte vente de téléchargements jamais enregistrée en France, et s'écoule à plus de 600 000 exemplaires.

Mais il y a un bémol à la clé de cette collaboration car, en avril 2011, Moby sort en single « The Day », qui n'est autre que la reprise en anglais de la chanson « Bleu noir », qu'il a composée et dont Mylène a écrit les paroles. Et non seulement il n'a pas pris soin de lui demander l'autorisation de réaménager sa création, mais le clip baigne dans une ambiance glauque et morbide propre à l'esthétique de Mylène Farmer. « J'avais oublié que je lui avais déjà donné cette chanson, explique confusément le musicien. Elle a écrit son texte et moi le mien. C'est un accident. Elle n'est pas contente car elle pensait que c'était sa chanson. Je suis très confus[44]. »

Si la chanteuse, comme sa maison de disques, ne lui ont pas pardonné cette absence de scrupules, il y a une justice dans cette affaire de business puisque la version anglophone de « Bleu noir » n'a rencontré qu'un accueil timide...

MetLife

Le clip du titre « Les Mots » est directement
inspiré du *Radeau de la Méduse* de Géricault.

Mylène se prend pour le Christ

Le 30 juin 2008, on annonce sur le Net la sortie prochaine du septième album studio de Mylène Farmer. Il s'appellera *Point de suture*, un titre qui pour elle évoque la double impossibilité de suturer les plaies qui blessent le monde et de nourrir l'espoir de le guérir et, tranchant avec sa dernière production, *Avant que l'ombre*... (2005), il vibrera au rythme d'une musicalité « ut-tempo ».
Pour mettre en images les morceaux emblématiques de l'album, la chanteuse revient à ses sources inspiratrices en ce sens que, comme elle l'avait fait pour le long clip de « Libertine » (1986), bientôt suivi de celui de « Pourvu qu'elles soient douces » (1988) intitulé *Libertine II*, elle transcende le format limité de la chanson afin de privilégier le visuel.

Ainsi, pour tourner *The Farmer Project*, un court-métrage ambitieux formé de la succession des titres « Dégénération » et « Si j'avais au moins... », elle fait appel à Bruno Aveillan, un réalisateur français réputé pour son approche personnelle de la photo et de la lumière, cité notamment en référence par Claude Berri. Aveillan propose de mettre en scène une Mylène apparaissant sous les traits d'une extraterrestre dotée de pouvoirs surnaturels, qui, dans un pays de l'Est imaginaire tenu sous un joug dictatorial, parvient à vaincre l'oppression grâce à la force de l'amour qu'elle distille. Pour ce faire, il s'inspire de l'esthétique de *La Mort de Sardanapale* de Delacroix qui représente un océan de corps.

Au cœur du « Farmer Project »
Hôpital psychiatrique de Bohnice
Prague – République thèque

Du 7 au 14 juin 2008, le tournage se déroule à l'hôpital de Bohnice de Prague, le plus grand établissement psychiatrique de la République thèque qui, suite à une sordide affaire de viols commis par des infirmiers sur leurs patientes, a dû fermer ses portes.

Dans ce lieu pittoresque au passé malsain, à l'image de la violence humaine dont *The Farmer Project* fait état, Mylène, la purificatrice, évolue en compagnie de danseuses et danseurs issus de la troupe Cave Canem qui, vêtus de costumes inspirés de ceux des nazis, incarnent le personnel hospitalier.

Sur les notes de « Dégénération », le clip nous conduit dans une contrée non identifiée où, au cœur de la nuit, deux policiers sont surpris par l'apparition d'une créature luminescente. Tandis qu'elle prend apparence humaine, les complices, saisis d'effroi, la neutralisent sans ménagement.

Elle se réveille bientôt dans un hôpital militaire de sombre et funeste allure où des chercheurs s'apprêtent à pratiquer une série d'examens sur la créature qui parvient à se libérer de ses liens. D'abord incrédules, ses geôliers se ressaisissent et tentent de la maîtriser. Mais elle répond à l'usage de la force physique en déployant d'étranges pouvoirs qui transforment l'agressivité en énergie sensuelle. Alors, l'onde d'amour qu'elle répand brise peu à peu l'oppression ambiante.

Au rythme de la chanson « Si j'avais au moins... », la créature s'enfuit dans les couloirs de l'hôpital où elle découvre un laboratoire d'expérimentation sur les animaux, avant de redevenir énergie pure, fusionnant avec l'univers, s'éloignant ainsi de la folie des hommes.

Tourné à l'aide d'une caméra Phantom qui filme 1 000 images à la seconde – au lieu de 25 – et permet de produire des ralentis d'une qualité exceptionnelle, *The Farmer Project* est l'œuvre la plus convaincante de l'album *Point de suture*. Si son scénario est certes influencé par le film *Le Cinquième Élément* de Luc Besson, il contient aussi la mythologie personnelle de Mylène Farmer. Par exemple, la scène au cours de laquelle elle libère les animaux destinés à être disséqués fait référence à ce fameux jour où, dans un restaurant, elle exigea qu'on remît à la mer les « coquillages et crustacés » promis à un destin alimentaire. En outre, la chanteuse qui n'a eu de cesse de puiser dans l'imagerie de la religion catholique apparaît ici sous un jour christique, vêtue de simples bandelettes et nimbée d'une lumière chaleureuse, pour guérir grâce à l'imposition des mains et dire aux habitants de la planète Terre : « Aimez-vous les uns les autres ! »

Enfin, le thème de la révolte, récurrent chez elle, et inauguré avec le clip de « Tristana » (1987) où défilent des images de la révolution de 1917, sanglante épopée des anarchistes ukrainiens contre la dictature bolchevique, est de nouveau exploité dans ce même contexte d'un pays de l'Est. Le dernier soldat à se battre contre l'horreur n'est-il pas pour elle l'artiste à qui, dans *The Farmer Project*, elle confère le pouvoir de libérer ses « fidèles » de leurs chaînes ?

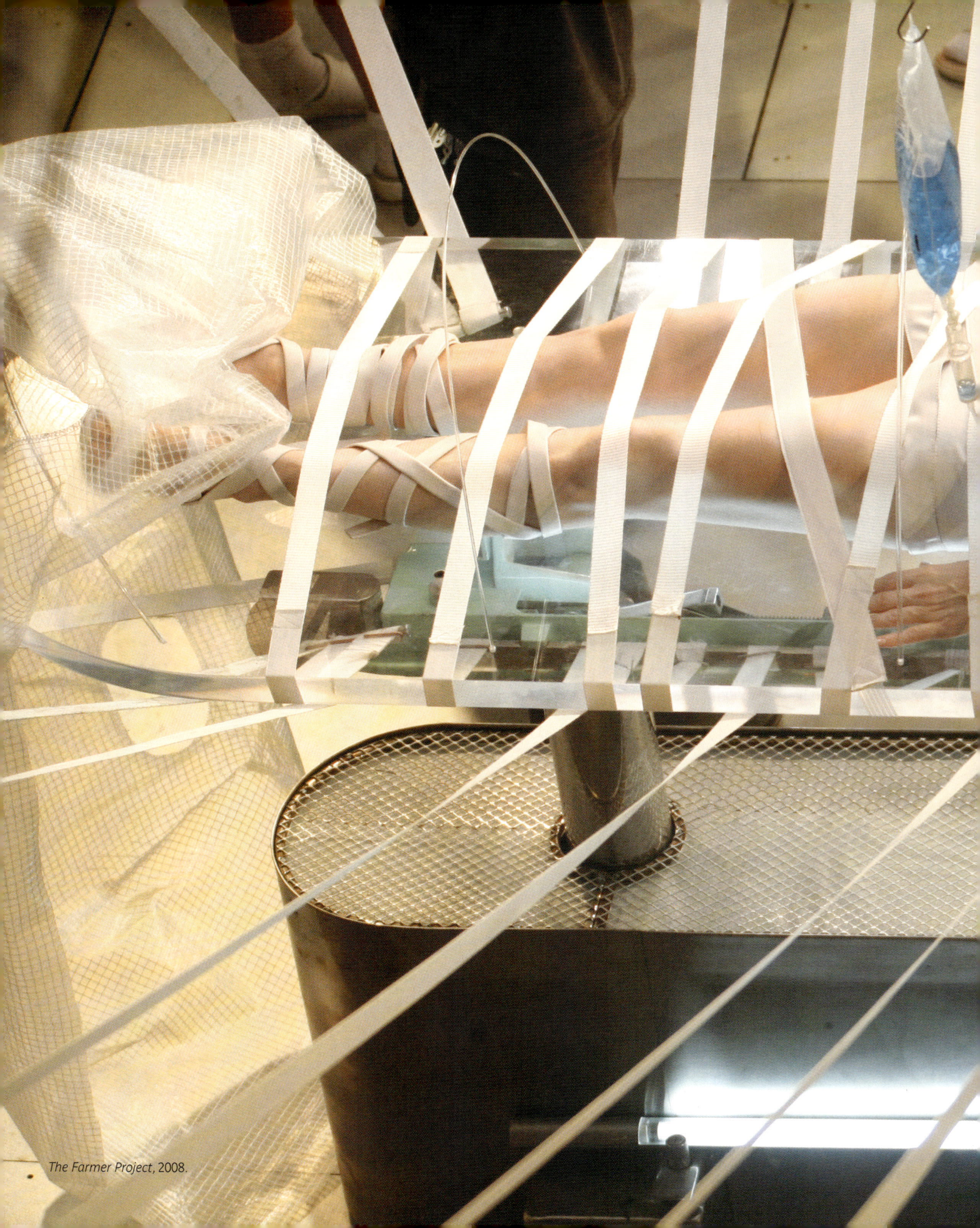

The Farmer Project, 2008.

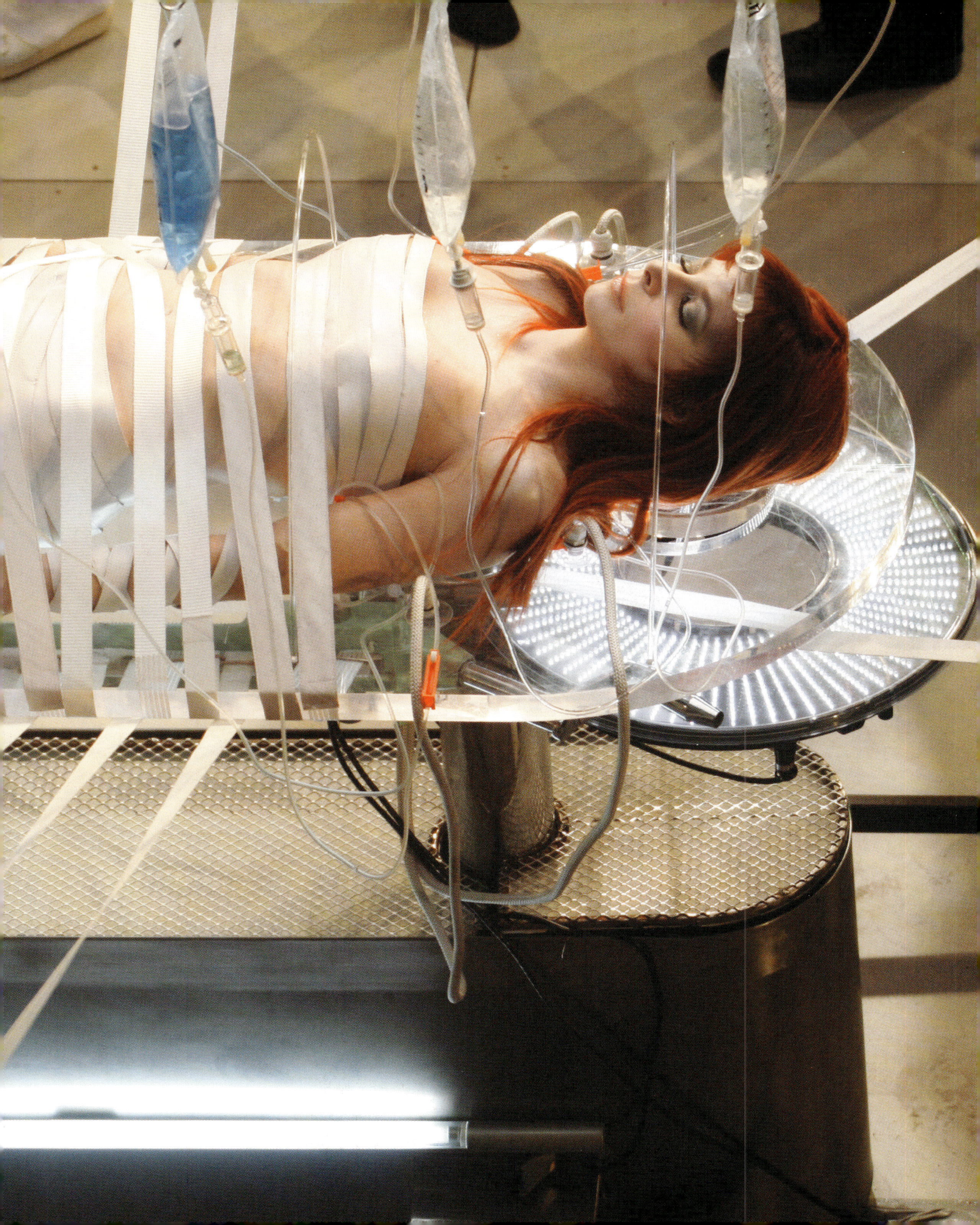

« Stolen car »,
un clip très parisien
25, quai de la Tournelle
75005 Paris

Mylène Farmer et Sting : le baiser !

Le 2 septembre 2015, au 25, quai de la Tournelle, dans le quartier Saint-Victor du 5e arrondissement de Paris, le long de la Seine et à deux pas de Notre-Dame, Mylène Farmer, passant son foulard autour du cou du chanteur et musicien britannique Sting, l'embrasse.

Flash-back !

En 2007, à la St Luke's Church de Londres, Mylène assiste à un spectacle de l'ex-leader du groupe Police dont la force et la poésie l'impressionnent. À l'automne 2013, elle profite d'un séjour new-yorkais pour aller voir sa comédie musicale, *The Last Ship*, caractérisée par une inspiration sombre et émouvante qui achève de la conquérir.

Par l'entremise de son manager, Thierry Suc, un proche du chanteur, elle rencontre Sting en chair et en notes et lui fait part de la profonde admiration qu'elle a pour sa musique, notamment pour son titre « Fragile » (1988). Elle lui laisse entendre qu'elle rêverait de collaborer avec lui…

Touché en plein cœur par ses mots enflammés, le chanteur lui propose d'emblée de reprendre en duo avec elle « Stolen Car », un morceau gravé sur son album *Sacred Love* (2004), évoquant les déboires d'une amante meurtrie amoureuse d'un puissant homme d'affaires marié, qu'il a toujours désiré chanter avec une interprète féminine qui lui glisserait à l'oreille : *« Take Me Dancing Tonight ».* Forte de sa stature de star francophone capable de remplir des stades gigantesques et de sa personnalité secrète et affable, Mylène Farmer lui semble être la partenaire idéale.

Ainsi naît entre eux une réelle amitié doublée d'une complicité artistique. Car si l'icône du mouvement gay et lesbien a toujours abordé la sexualité en la mêlant à la religion, pour mieux la pimenter de la saveur sacrée de l'interdit, le musicien britannique déclare : « Il devrait y avoir un lien entre le sexe et la religion. Le sexe crée la vie, la vie passe par les relations – et même la religion. Avant l'ère chrétienne le sexe était merveilleux et amusant. Il a été vénéré comme une sorte de cadeau, non pas comme quelque chose que nous devons cacher, comme on le voit dans de nombreuses religions. Sexe et musique, c'est ma religion[45]. »

Au studio, détail qui en dit long sur l'alliance mystérieuse qui l'unit à la belle, Sting se plie sans difficulté aux exigences de Mylène. En effet, afin que leurs timbres respectifs s'harmonisent au mieux, il adopte une tonalité plus aiguë qu'à l'accoutumée et enregistre une version à deux voix de sa chanson dont il est le premier à admettre que, par rapport à l'originale, elle a gagné en intensité émotionnelle.

Premier extrait de l'album *Interstellaires* de Mylène Farmer, le single « Stolen Car », produit par le DJ français The Avener, sort à la fin de l'été 2015. Ce duo qui réunit la chanteuse hexagonale la plus adulée et une star planétaire étonne, détonne en France où il se hisse rapidement à la première place des charts. Et, comble du succès, il permet à Mylène de conquérir l'Amérique pour la première fois de sa carrière où elle se classe en tête du Hot Dance Club Songs[46].

Comme il se doit, « Stolen Car » est mis en images dans un clip. Réalisé par Bruno Aveillan, il est d'abord tourné le mardi 1er septembre au Royal Monceau, un hôtel de luxe situé près de l'Arc de triomphe à Paris, où Sting débarque à bord d'une voiture de luxe pour rejoindre sa « maîtresse ». Entre les prises de vues, on remarque que la chanteuse, portant talons aiguilles, doit arpenter le pavé parisien à l'aide d'une béquille.

« Je me suis cassé la jambe en deux morceaux il y a cinq mois, je suis presque remise maintenant, explique-t-elle. Mais sur le tournage, je devais porter des talons hauts et je devais être très prudente. Sting a été adorable et a fait très attention à moi parce que je ne pouvais pas marcher. Il a dû me serrer très fort contre lui[47]. »

L'attention dont Sting fait preuve à l'égard de sa partenaire « handicapée » et les séquences sensuelles, filmées le mercredi 2 septembre sur les quais de Seine, seront exploitées par la presse people qui répandra la rumeur d'une union naissante entre le chanteur barbu et la rousse flamboyante...

Tournage du clip
de « Stolen Car » avec Sting.

Table des matières

Du même auteur

- *Marie Laforêt, La femme aux cent visages*, L'Étoile du Sud, 1999 (préface : Pierre Cornette de Saint-Cyr).
- *Barbara, N'avoir que sa vérité*, Didier Carpentier, 2001 (préface : Frédéric Lodéon).
- *Claude Nougaro, Souffleur de vers*, Didier Carpentier, 2002 (préface : Jean-Louis Foulquier).
- *Léo Ferré, Je parle pour dans dix siècles !* (avec Dominique Lacout), Didier Carpentier, 2003 (préface : Eddie Barclay).
- *Docteur Renaud…*, Didier Carpentier, 2004 (préfaces : Thierry et David Séchan).
- *Alain Souchon / Laurent Voulzy, Destins et mots croisés*, Didier Carpentier, 2005 (préface : Michel Jonasz).
- *Claude Nougaro, Dialogues « sans cible »* (dessins inédits + CD extra), avec Hélène Nougaro, éditions PC, 2006.
- *Serge Gainsbourg, Over The Rainbow*, Didier Carpentier, 2006 (préface : Brigitte Bardot).
- *Marc Lavoine*, Didier Carpentier, 2006.
- *Hugues Aufray, Droit dans mes santiags* (avec Hugues Aufray), Didier Carpentier, 2007 (préface : Renaud).
- *Johnny Hallyday, Le Phénix*, Didier Carpentier, 2007.
- *Marie-Paule Belle, Ma vie.com* (avec Marie-Paule Belle), L'Archipel, 2008.
- *Nougaro, Une vie qui rime à quelque chose*, L'Archipel, 2009 (préface : Maurane).
- *Bashung, Dandy des matins blêmes* (avec Pierre Terrasson), Didier Carpentier, 2010 (préface : Axel Bauer).
- *Les 7 Vies d'Indochine* (avec Pierre Terrasson), Didier Carpentier, 2010 (préface : Christian Eudeline).
- *Le Top des années 80* (avec Pierre Terrasson), Didier Carpentier, 2010 (préface : Caroline Loeb).
- *Véronique Sanson*, éditions Premium, 2011 (préface : Violaine Sanson-Tricard).
- *Gainsbarre* (avec Pierre Terrasson), éditions Premium, 2011 (préface : Dani).
- *Brigitte Bardot, L'indomptable* (avec François Bagnaud et le concours de Brigitte Bardot), Hugo & Cie, 2011.
- *Michel Berger, Libre dans sa tête*, Hugo & Cie, 2012 (préface : Alain Souchon).
- *Yves Duteil, Profondeur de chant* (avec Yves Duteil), L'Archipel, 2012.
- *Barbara, Une vie romanesque*, Le Cherche-Midi, 2013.
- *Evanescente Vanessa*, éditions Mustang, 2013.
- *Brel, Rêver un impossible rêve*, Hugo & Cie, 2013 (préface : Françoise Canetti).
- *Marie Laforêt, Long courrier vers l'aurore*, éditions Mustang, 2014 (préface : Nilda Fernández).
- *Bardot / Gainsbourg, Passion fulgurante* (avec la collaboration de François Bagnaud et le soutien amical de Brigitte Bardot), Hugo & Cie, 2014.
- *Cabrel, Les chemins de traverse*, L'Archipel, 2015.
- *Douce France* (biographie de France Gall), éditions du Moment, 2015.
- *Renaud, Le Rimbaud des faubourgs*, Favre, 2016.

Notes de l'auteur

[1] Bernard Violet, *Mylène Farmer*, Fayard, 2004.
[2] Cette attitude est typique des personnes atteintes du syndrome de Stockholm, qui entretiennent un lien complice avec les personnes qui les ont fait souffrir.
[3] « Sept à huit », TF1, 8 janvier 2006.
[4] RTL, 20 décembre 2013.
[5] Il est réputé pour avoir écrit le recueil de poèmes bouleversant *Face à la vie, il faut du cran*.
[6] *Studio*, décembre 1993.
[7] Trouble du spectre de l'autisme.
[8] Tel est son nom selon l'état civil.
[9] « Plus de musique », M6, 2003.
[10] Créé par Marie-Anne Chazel.
[11] Cette formule contractuelle, compromis entre le contrat d'artiste et le contrat de distribution, consiste à prendre en charge une partie des frais de l'enregistrement d'un disque, tout en laissant l'artiste propriétaire de ses masters.
[12] Chaîne de télévision qui a aujourd'hui fait place à M6.
[13] Mylène a fait la connaissance de cette danseuse en 1985, à l'occasion du festival du film de Juan-les-Pins, qui l'initiera aux techniques de la danse et de l'expression corporelle avant de devenir sa chorégraphe.
[14] Antoine Bioy, Benjamin Thiry, Caroline Bee, *Mylène Farmer, La part d'ombre*, L'Archipel, 2003.
[15] Brigitte Hemmerlin et Vanessa Pontet, *Mylène Farmer, La star aux deux visages*, L'Archipel, 2009.
[16] « Nous souviendrons-nous » (Mylène Farmer / Laurent Boutonnat), 1991.
[17] « À mourir pour mourir » (Barbara / Barbara), 1964.
[18] « L'Horloge » (Charles Baudelaire), 1857.
[19] « Plus grandir » (Mylène Farmer / Laurent Boutonnat), 1985.
[20] Cette reprise figurera sur l'album *Ainsi soit je*... qui sortira en mars 1988.
[21] *RFI*, 5 décembre 2006.
[22] *Platine*, septembre 2005.
[23] *Vogue* (Allemagne), mars 1996.
[24] Véhicules tricycles utilisés pour le transport de personnes ou de marchandises.
[25] Elle a acheté ce singe sur les quais de Seine, qui l'accompagnera dans tous ses déplacements, jusqu'à sa mort, le 1er janvier 2011.
[26] *Stars 90*, 9 septembre 1991.
[27] *Styx Magazine*, spécial *L'Autre*..., 2011.
[28] *Les Cahiers du cinéma*, 1993.
[29] *Télé 7 jours*, novembre 1995.
[30] *Radio Contact*, 15 novembre 1995.
[31] Il apparaît à l'écran dans le film *Chaplin*, de Richard Attenborough (1992).
[32] Paul Amar, *Paris Première*, 30 mai 1996.
[33] *Ibid*.
[34] RTL, 14 décembre 2011.
[35] « L'Âme-Stram-Gram » (Mylène Farmer / Laurent Boutonnat), 1999.
[36] *Les Cinq Jours de Pékin*, François Hanss, février 1999.
[37] Le thème du double avec deux Mylène est décliné dans deux autres clips : « California » (1996) et « Fuck Them All » (2005).
[38] *Les Cinq Jours de Pékin*, François Hanss, février 1999.
[39] *Le Choc amoureux*.
[40] *Madame Figaro*, 1er novembre 1991.
[41] *Le Mag*, MCM, juin 2000.
[42] *Paris Match*, 2 décembre 2010.
[43] *Top 50*, Europe 1, 16 avril 2011.
[44] *Le Soir*, 18 mai 2011.
[45] *Die Welt*, 15 novembre 2015.
[46] Aux États-Unis, il s'agit du classement hebdomadaire des titres les plus diffusés en discothèque.
[47] *Purepeople*, 23 septembre 2015.

Crédits photographiques

P. 4 : © Marianne Rosenstiehl.
P. 6 : © Laurent Bélanger ; Dominique Porzadny ; DR.
P. 7 : © DR, Penelope Newman (fond).
P. 8 : © Penelope Newman (fond).
P. 9 : © Claude Gassian.
P. 10 : © PHILDIC.
P. 11 : © Benjism89.
P. 12-13 : © Marianne Rosenstiehl.
P. 14 : © Patrick Soubiran, Archives Filipacchi/Scoop, Gérard Vattement ; Fvexler ; Mathieu Thauvin (fond).
P. 15 : © Michel Marizy, Archives Filipacchi/Scoop.
P. 16 : © Dominique Doumax, Archives Filipacchi/Scoop.
P. 17 : © DR ; Mathieu Thauvin (fond).
P. 18-19 : © Patrick Soubiran, Archives Filipacchi/Scoop.
P. 20 : © Bernard Mouillon.
P. 21 : © DR ; Mike Clarke (fond).
PP. 22-23 : © Bernard Mouillon ; Paramount ; J. Albert.
P. 24 : © Dominique Porzadny ; Mossot ; Shutterstock (fond).
P. 25 : © Dominique Porzadny.
P. 26 : © Shutterstock (fond).
P. 27 : © Marianne Rosenstiehl.
P. 28-29 : © Joseph Caprio.
P. 30 : © Bernard Mouillon ; Shutterstock (fond).
PP. 30-31 : © Éric Caro.
P. 32 : © *Le nouveau Détective* ; *Le parisien*.
P. 33 : © DR.
PP. 34-35 : © Dominique Porzadny.
PP. 36-37 : © Marianne Rosenstiehl.
PP. 38-39 : © Louis Vincent, Archives Filipacchi/Scoop ; Philippe Célérier ; Louis Vincent, Archives Filipacchi/Scoop ; DR (fond).
P. 40 : © Marianne Rosenstiehl.
P. 41 : © *Première* ; Élodie Vrac ; DR (fond).
PP. 42-43 : © Jean-Marie Leroy.
P. 44 : © Joseph Caprio.
P. 45 : © Eric Pouhier ; DR ; Ron Kroon, Anefo ; Shutterstock (fond).
PP. 46-47 : © Jean-Marie Leroy, Photo12.
PP. 48 : © Dominique Porzadny ; DR ; Shutterstock (fond).
PP. 49 : © *Têtu* ; Shutterstock (fond).
PP. 50-51 : © Bernard Leguay, *Télé 7 jours*/Scoop.
P. 52 : © Michel Marizy, *Télé 7 jours*/Scoop.
PP. 54-55 : © Michel Marizy, *Télé 7 jours*/Scoop ; DR.
P. 56 : © Casano, Stills/Gamma.
PP. 58-59 : © Casano, Stills/Gamma.
PP. 60-61 : © Marianne Rosenstiehl ; DR.
PP. 62-63 : © Marianne Rosenstiehl.
PP. 64-65 : © Marianne Rosenstiehl ; DR.
P. 66 : © Dominique Porzadny, DR.
PP. 67-71 : © Marianne Rosenstiehl.
P. 72 : © DR ; Stéphane Mahot (fond).
P. 73 : © Dominique Porzadny. DR.
PP. 74-75 : © Marianne Rosenstiehl.
PP. 76-77 : © Stéphane Mahot ; DR ; Shutterstock (fond).
PP. 78-79 : © Marianne Rosenstiehl.
PP. 80-81 : © Marianne Rosenstiehl ; DR.
PP. 82-83 : © Marianne Rosenstiehl ; DR.
P. 84 : © Marianne Rosenstiehl.
PP. 86-87 : © Jean-Marie Leroy.
P. 88 : © Lovecz ; DR.
P. 89 : © Krokodyl. DR ; Pixabay (fond).
P. 90 : © Shutterstock (fond).
PP. 91-93 : © Jean-Marie Leroy.
PP. 94-95 : © *Télé Poche* ; DR ; Shutterstock (fond).
P. 96 : © Marianne Rosenstiehl ; DR.
P. 97 : © DR ; Mathieu Thauvin (fond).
PP. 98-99 : © Marianne Rosenstiehl.
P. 100: © *Le Var* ; DR ; Mathieu Thauvin (fond).
P. 101 : © *Télé Star* ; *7 extra* ; DR ; Mathieu Thauvin (fond).
PP. 102-103 : © Dominique Porzadny.
P. 104 : © El pitareio ; Scott Lange ; DR.
P. 105 : © Delenclos Wladim ; DR.
PP. 106-107 : © Diego Delso ; Mathieu Thauvin.
PP. 108-109 : © Claude Gassian.
PP. 110-111 : © Shutterstock (fond).
PP. 112-113 : © DR ; Shutterstock (fond).
P. 114 : © DR ; Shutterstock (fond).
P. 115 : © DR ; Alex Fedorov ; Shutterstock (fond).
P. 116 : © DR ; Shutterstock (fond).
P. 117 : © DR ; Fotolia (fond).
P. 118 : © DR.
PP. 119-121 : © Marianne Rosenstiehl.
P. 122 : © DR ; Dominique Porzadny ; Mathieu Thauvin (fond).
PP. 124-125 : © Mathieu Thauvin.
PP. 126-127 : © Claude Gassian.
P. 128 : © DR.
PP. 130-131 : © Claude Gassian.
P. 133 : © DR ; Unsplash (fond).
PP. 134-135 : © Claude Gassian.
PP. 138 -143 : © Dominique Porzadny.

Remerciements de l'auteur

Un immense merci à Clément Lagrange pour sa relecture attentive et son inestimable expertise.

À Dominique Porzadny pour ses archives inédites, sa générosité et son extrême gentillesse.

Un grand merci aussi à Nelly Dhoutaut de l'agence Scoop.

À Isabelle Sadys de l'agence Gamma-Rapho.

Merci aussi aux photographes pour leurs magnifiques photos : Joseph Caprio, Eric Caro, Claude Gassian, Jean-Marie Leroy, Bernard Mouillon et, bien sûr, Marianne Rosenstiehl.

Enfin, bravo et merci à Mathieu Thauvin pour avoir sublimé tout ça.

Direction éditoriale
Denis Bouchain

Direction artistique
Mathieu Thauvin

Fabrication
Christian Toanen
Nikola Savic

Photogravure
Press-Prod

Achevé d'imprimé en Italie par CPM
Dépôt légal : mars 2017
Première édition
ISBN : 978-2-7499-3211-8
LAF 2257